natürlich oekom!

Mit diesem Buch halten Sie ein echtes Stück Nachhaltigkeit in den Händen. Durch Ihren Kauf unterstützen Sie eine Produktion mit hohen ökologischen Ansprüchen:

- 100 % Recyclingpapier
- mineralölfreie Druckfarben
- Verzicht auf Plastikfolie
- Finanzierung von Klima- und Biodiversitätsprojekten
- kurze Transportwege – in Deutschland gedruckt

Weitere Informationen unter www.natürlich-oekom.de und #natürlichoekom

Herausgeber: CARE FOR ART
Dr. Elise Spiegel
Otto-Heilmann-Str. 17, 82031 Grünwald
www.CARE-FOR-ART.de

Studiendesign und Buchidee:
Elise Spiegel, Katharina Deering, Christiane Quaisser

Fachliche Beratung/Betreuung bezüglich Biomonitoring:
Dennis Nowak, Rudolf Schierl, Stefan Rakete, Susann Böhm, Stephan Böse-O'Reilly

Gestaltung: Felix Teupe, Helga Kuhn

Bildnachweis: Titel: CARE FOR ART, Abbildungen 5, 19, 20, 22: Bayerisches Nationalmuseum München/CARE FOR ART; Abbildung 21: Landesmuseum Württemberg/CARE FOR ART, Abbildungen 2, 3, 4, 6, 7, 11, 13, 16: CARE FOR ART

Die Drucklegung des Werkes wurde unterstützt durch die Camfil GmbH in Reinfeld, Germany.

Verlag und AutorInnen danken
Markus Langemann für seine Unterstützung.

gefördert durch

Deutsche
Bundesstiftung Umwelt

www.dbu.de

LANGEMANN
MEDIEN

Bibliografische Information der Deutschen Nationalbibliothek:
Die Deutsche Nationalbibliothek verzeichnet diese Publikation in der Deutschen Nationalbibliografie; detaillierte bibliografische Daten sind im Internet unter http://dnb.d-nb.de abrufbar.

oekom – Gesellschaft für ökologische Kommunikation mbH,
Goethestraße 28, 80336 München
+49 89 544184 – 200
www.oekom.de

Layout und Satz: Reihs Satzstudio, Lohmar
Korrektorat: Maike Specht, Berlin
Umschlagentwurf: Elisabeth Fürnstein, oekom verlag
Umschlagabbildung: CARE FOR ART
Druck: Franz X. Stückle Druck und Verlag e.K., Ettenheim

ISBN 978-3-96238-147-9
https://doi.org/10.14512/9783962386313

Elise Spiegel, Katharina Deering,
Christiane Quaisser, Susann Böhm, Dennis Nowak,
Stefan Rakete und Stephan Böse-O'Reilly

Handreichung zum Umgang mit kontaminiertem Sammlungsgut

Inhaltsverzeichnis

Die vorliegende Publikation wurde in Teilen bereits an anderer Stelle veröffentlicht:

Spiegel, Elise, et al. (2018): Handreichung zum Umgang mit kontaminiertem Sammlungsgut. Deutsche Bundesstiftung Umwelt (DBU) / CARE FOR ART. Osnabrück / Grünwald.

Spiegel, Elise, et al. (2019): Handreichung zum Umgang mit kontaminiertem Sammlungsgut. In: Broding, Horst Christoph (Hrsg.): Handbuch der betriebsärztlichen Praxis, 74. Erg. Lfg. 2/2019, ecomed, Landsberg.

Aus Gründen der leichteren Lesbarkeit wird auf die geschlechtsspezifische Differenzierung verzichtet. Entsprechende Begriffe gelten im Sinne der Gleichbehandlung für beide Geschlechter.

Danksagung

Dieser Leitfaden ist das Ergebnis des zweijährigen Forschungsprojektes »Entwicklung geeigneter Empfehlungen zur Einschätzung der Gefährdung und zum Umgang mit biozidbelasteten Kulturgütern im musealen Umfeld (AZ 33687/01)«, welches mit Mitteln der Deutschen Bundesstiftung Umwelt (DBU) gefördert wurde.

Das Forschungsprojekt sowie die vorliegende Publikation konnten nur durch die bereitwillige Unterstützung von zahlreichen Personen realisiert werden.

In erster Linie danken wir Frau Christiane Funk. Ihre fachkundige Sensibilisierung der Kollegen und Vorgesetzten für das Thema Biozide und den Umgang mit biozidbelasteten Kulturgütern legte den Grundstein für die Kooperation, und mit großem Engagement hat sie die Projektteilnahme im eigenen Haus angestoßen. Generaldirektor Herrn Professor Johannes Vogel und Geschäftsführer Herrn Stephan Junker danken wir für ihre Offenheit und Unterstützung bei unserem Vorhaben.

Im Zusammenhang mit den Umgebungs- und Humanbiomonitorings sind Frau Petra Ebber und Herr Lukas Kirschey (beide Museum für Naturkunde Berlin) sowie Herr Dr. Boaz Paz (PAZ Laboratorien für Archäometrie) zu nennen. Sie unterstützten die Organisation und Durchführung am Museum für Naturkunde tatkräftig und waren durchgehend mit dynamischer Hilfsbereitschaft dabei.

Zu besonderem Dank verpflichtet sind wir den Kollegen des Museums für Naturkunde Berlin für ihre Bereitschaft, am Humanbiomonitoring teilzunehmen. Nur dank ihrer zahlreichen Teilnahme konnte diese für ein Museum umfangreiche Datenbasis geschaffen werden.

Für die Unterstützung bei und Freigabe von Bildmaterial danken wir dem Bayerischen Nationalmuseum München und dem Landesmuseum Württemberg sowie im Besonderen den beteiligten Kollegen.

Dank Herrn Dr. Heinz-Jörn Moriske (Umweltbundesamt) und Frau Simone Peters (DGUV) konnten besonders knifflige Fragestellungen bei der Beurteilung von Gefahrstoffen in Innenräumen geklärt werden.

Weiter sind wir folgenden Fachkorrektoren zu Dank verpflichtet: Herrn Dr. Wigbert Maraun (ARGUK Umweltlabor GmbH) für die Unterstützung bei der Analytik der Organochlor-Biozide in Staub und Luft sowie dem fachlichen Austausch. Herrn Patrick Aligbe für die rechtliche Beratung und Korrektur zu Arbeitsschutz und Arbeitssicherheit und Frau Sonja Breiding von der Bundesanstalt für Materialforschung Berlin für wichtige Impulse und Beratung.

1. Vorwort

Der Umgang mit biozidbelastetem Kunst- und Kulturgut beschäftigt die Deutsche Bundesstiftung Umwelt seit nunmehr 15 Jahren. In dieser Zeit wurden vor allem Vorhaben im Zusammenhang mit dem möglichen Abbau von Schadstoffbelastungen gefördert. Obwohl dabei vielversprechende Teilerfolge erzielt werden konnten, ist ein Verfahren zur kostengünstigen und flächendeckenden Reduktion von Bioziden in musealen Sammlungen aktuell nicht in Sicht. Umso wichtiger ist daher ein verantwortungsvoller und professioneller Umgang mit den biozidbelasteten Objekten zum Schutz der Umwelt, der Sammlungen und vor allem auch der mit den Objekten in Kontakt tretenden Menschen.

Die intensiven und fachübergreifenden Diskussionen bei der Entwicklung der Handreichung zeigen: Der Umgang mit kontaminiertem Sammlungsgut und Gefahrstoffen in den Museen ist bis heute noch immer ein nur sehr vorsichtig thematisiertes, fast schon tabuisiertes Thema. Aus diesem Grund nähert sich die vorliegende Handreichung dem Thema mit rationaler Nüchternheit. Es wurden wissenschaftlich ermittelte Fakten zusammengetragen, um ein professionelles, konsequentes und nicht zuletzt auch innerhalb des vom Gesetzgeber vorgegebenen Rahmens agierendes Handeln zu ermöglichen. Damit wird einer etwaigen unverhältnismäßigen »Panikmache« die Substanz entzogen.

Nur durch die interdisziplinäre und sehr vertrauensvolle Zusammenarbeit zwischen einem Museum, einem Fachbüro für ganzheitliche Schadstoffberatung sowie einem medizinischen Institut war es möglich, die Gefahren kontaminierten Sammlungsgutes aus unterschiedlichen Perspektiven zu beleuchten.

Die vorliegende Handreichung gibt erstmalig gezielte Unterstützung für den musealen Bereich, für den es in dem Umfang und der fachlichen Tiefe bislang keine spezifische Hilfestellung zum Umgang mit kontaminiertem Sammlungsgut gab. Sie ermöglicht einen Einblick in die unterschiedlichen Gefahrstoffe im musealen Kontext und zeigt darauf aufbauend auf, wie durch ein systematisches Vorgehen die Belastung für Mensch, Umwelt und Kulturgut minimiert werden kann. Der interessierte Leser kann sich so umfassend informieren und eigenes Wissen aufbauen, um als kompetenter Ansprechpartner notwendige Maßnahmen in die Wege zu leiten und deren Umsetzung überwachen zu können.

Als fördernde Stiftung hoffen wir, dass die Handreichung zur Aufklärung beiträgt und Entscheidungsträger in Museen ermutigt, sich adäquat mit der Problematik kontaminierten Sammlungsgutes auseinanderzusetzen.

Die DBU begrüßt, dass sich unter der Leitung von Frau Dr. Elise Spiegel ein interdisziplinäres sowie kompetentes Projekt- und Autorenteam gefunden hat, das sich der spannungsreichen wie komplexen Problematik angenommen hat. Darüber hinaus danken wir dem Generaldirektor Herrn Prof. Johannes Vogel und dem Geschäftsführer Herrn Stephan Junker des Museums für Naturkunde in Berlin, welche sich im Hinblick auf die Thematik als offene Vorreiter in der Museumslandschaft präsentiert haben. Nicht zuletzt danken wir Prof. Dr. Dennis Nowak, dem Direktor des Instituts und der Poliklinik für Arbeits-, Sozial- und Umweltmedizin des Klinikums der Universität München, und seinem Team, die mit ihrer jeweiligen Fachkompetenz im Bereich der Arbeits- und Umweltmedizin eine interdisziplinäre Aufarbeitung des Themas erst möglich gemacht haben.

Dr. Paul Bellendorf
Leiter Referat »Umwelt und Kulturgüter«
Deutsche Bundesstiftung Umwelt
Osnabrück im August 2018

2. Einleitung

Seit langer Zeit ist bekannt, dass eine Vielzahl kunst- und naturhistorisch wertvoller Objekte durch zurückliegende Behandlungen mit gesundheitsschädlichen und mittlerweile verbotenen Bioziden belastet sind. Betroffen sind primär Sammlungen mit organischem Sammlungsgut, z. B. mit Federn, aus tierischen Häuten oder Pflanzen. Diese wurden i. d. R. präventiv wie auch bei akutem Schädlingsbefall mit Bioziden behandelt.

Bundesweit sind vermutlich 80 % der rund 6 400 existierenden Museumseinrichtungen und vor allem ihre Sammlungen davon betroffen. Hochgerechnet liegt die Anzahl der Mitarbeiter, die mit potenziell kontaminierten Objekten in Kontakt kommen, im höheren 5-stelligen Bereich. Betroffene Personengruppen sind sowohl Präparatoren, Konservatoren, Restauratoren, Ausstellungsmitarbeiter, Sammlungsmitarbeiter, die direkt mit dem Material arbeiten, als auch indirekt betroffene Personen, wie Aufsichts- und Reinigungskräfte. Kontaminiertes Sammlungsgut stellt damit für eine Vielzahl von Sammlungen und deren Mitarbeiter eine besondere Problematik und Herausforderung dar. Hinzu kommt, dass viele der über Jahrzehnte gesammelten Objekte nicht nur mit einem einzigen Biozid belastet sind. Vielmehr zeigen Erfahrungen und Messungen verschiedene Mischungen, hervorgerufen durch periodisch wiederkehrende und teilweise auch kurative Behandlungen in der Vergangenheit. Die Folge ist eine Vielzahl an unterschiedlichen toxischen »Cocktails« auf den Objekten.

Dadurch kann einerseits das Erscheinungsbild der Objekte durch Ausblühungen, Ver- und Entfärbungen stark in der Nutzbarkeit bzw. Lesbarkeit eingeschränkt sein, andererseits können die weitgehend persistenten Biozide sekundär Raumluft, Staub, andere Objekte und Objektoberflächen kontaminieren und die Gesundheit der Mitarbeiter beeinträchtigen. In einer nicht repräsentativen Umfrage an 79 Museen in Deutschland, Österreich und der Schweiz berichten Mitarbeiter, die in solchen Sammlungen arbeiten, über akute lokale oder auch allergische Reaktionen oder Störungen des Allgemeinbefindens (z. B. Kopfschmerzen, Übelkeit, Atemwegsbeschwerden).[1] In der wissenschaftlichen Literatur wurden u. a. Erkrankungsfälle durch Blei[2] und Arsen[3] beschrieben.

1 Deering, K. (2015): Die Analyse chlororganischer Pestizide in der restauratorischen Praxis – Bedarfserhebung, Definition eines Prozessplanes und Evaluation der Gaschromatografie-Ionenmobilitätsspektrometrie als analytische Methode. Master-Thesis. Hochschule der Künste Bern.

2 Žuskin, E., Schachter, E. N., Mustajbegović, J., Pucarin-Cvetković, J., & Lipozenčić, J. (2007). Occupational health hazards of artists. Acta Dermatovenerologica Croatica, 15(3), 167–177.

3 Hagemeyer, O., Weiß, T., Marek, R., & Brüning, T. (2015). Harnblasenkrebs durch Arsen bei einer Museumsrestauratorin – Einsatz von Konservierungsmitteln als wahrscheinliche Ursache. IPA-Journal, 4.

Dringender Handlungsbedarf resultiert gerade auch aus dem umfangreichen und vielfältigen Einsatz von zum Teil kanzerogenen (krebserzeugenden), mutagenen (erbgutverändernden) und reproduktionstoxischen (fortpflanzungsgefährdenden) Stoffen (CMR-Stoffe) wie Arsen, Quecksilber, DDT, PCP, Dieldrin etc., denen vor allem die Museumsmitarbeiter bei bestimmten Tätigkeiten mit kontaminierten Objekten exponiert sein können. Das heißt, in Museen, Depots, Archiven und Bibliotheken wird i. d. R. nicht direkt mit den Gefahrstoffen gearbeitet, sondern mit Objekten, die mit Gefahrstoffen behandelt wurden und als kontaminiert bezeichnet werden. Sie sind die Quelle der Gefährdung.

Die Wirkstoffe können luftgetragen oder bei direktem Kontakt mit den kontaminierten Objekten aufgenommen werden. Sie gelangen über die Atemwege und/oder die Haut in den Körper, wenn keine oder ungeeignete Schutzmaßnahmen angewendet werden. Eine Expositionsminimierung ist hier, auch im Hinblick auf einen optimierten Personen- und Objektschutz, unbedingt anzustreben.

Grundlage für ein zielgerichtetes Handeln sind eine Gefährdungsbeurteilung, die Ableitung von notwendigen Schutzmaßnahmen sowie ein entsprechendes Prozess- und Qualitätsmanagement zur Erhebung und Implementierung der Maßnahmen.

Die Handreichung umfasst diese drei Komplexe. Sie berücksichtigt dabei insbesondere die Forderungen der aktuellen Gefahrstoffverordnung (GefStoffV) und der Technischen Regel für Gefahrstoffe (TRGS) 524 »Schutzmaßnahmen bei Tätigkeiten in kontaminierten Bereichen« sowie der analogen berufsgenossenschaftlichen Regel DGUV Regel 101–004 »Kontaminierte Bereiche«. Darüber hinaus werden je nach Kapitelschwerpunkt eine Vielzahl grundständiger Regeln wie TRGS 500, 900, 910 einbezogen.

Da es für den Arbeitsschutz keine allgemeingültigen Regelungen gibt, die für jeden Arbeitsplatz gleichermaßen geeignet sind, werden Schutzmaßnahmen in der vorliegenden Handreichung als Hinweis formuliert. Welche konkreten Maßnahmen im jeweiligen Haus am zweckmäßigsten sind, hat der Arbeitgeber im Rahmen der Gefährdungsbeurteilung festzulegen. Die Hinweise geben einen Einblick in mögliche technische, organisatorische und personenbezogene Maßnahmen im musealen Bereich.

Zielgruppe der Handreichung sind gleichermaßen Arbeitgeber und Beschäftigte[4] in musealen Einrichtungen und in restauratorischen bzw. konservatorischen Werkstätten.

4 Unter »Beschäftigte« zählt jeder geschützte Personenkreis, nicht nur die Arbeitnehmer nach § 611a BGB, sondern auch der komplette persönliche Anwendungsbereich nach § 2 Abs. 2 ArbSchG und Schüler, Studenten und Ehrenamtliche nach § 2 Abs. 7 GefStoffV.

3. Herausforderung aus Sicht der Museen

Es liegt im ureigenen Interesse einer Sammlungsverantwortung, für den dauerhaften Schutz und Erhalt der Objekte Sorge zu tragen. Ohne den präventiven und kurativen Einsatz von Bioziden wären viele wertvolle historische Sammlungsstücke aus biologischen Materialien Schädlingsfraß oder Schimmelbefall zum Opfer gefallen und heute nicht mehr vorhanden. Dabei ähnelte der selbstverständliche Umgang mit Bioziden in Museen und Sammlungen lange Zeit dem allgemeinen Verständnis und Umgang mit diesen Gefahrstoffen, sowohl im alltäglichen Wunsch nach dem Erhalt geliebter und wertvoller Objekte (Einsatz von Quecksilber gegen Schimmel, Lindan gegen Motten) als auch aus hygienischen Gründen (Organchlor-Verbindungen gegen Schaben). Bei naturkundlichen Sammlungen besteht zudem eine besondere, meist sehr innige Verbindung der Wissenschaftler und Sammlungsmitarbeiter zu ihren Objekten. Die präparierten Insekten, Vogelbälge, Säugetierhäute oder getrockneten Pflanzen sind die zentrale Forschungsgrundlage, der häufige bis ständige Umgang mit ihnen die Regel. Arbeitsplätze und Sammlungen sind räumlich eng miteinander verbunden, waren früher oft eine Einheit. Die Nutzung von Bioziden bei Präparation, regelmäßigen Präventionsmaßnahmen (Begasungen) und der akuten Schädlingsbekämpfung waren Teil des Arbeitsalltages. Umfangreiche Schutzmaßnahmen widerstrebten noch bis vor Kurzem dem Verständnis von Umgang und Nutzung behandelter Präparate. Erst die allgemeine Sensibilisierung der Bevölkerung gegenüber Umweltgiften und die Anpassungen im Gesundheitsschutz führten schrittweise auch zu einem Umdenken in den Museen und Sammlungen. Neue Mitarbeiter, oft junge Frauen im gebärfähigen Alter, katalysieren den Wandel zum einen durch eine unbelastete, oft sensiblere Sichtweise auf das Thema Umgang mit Gefahrstoffen, zum anderen durch ihren besonderen Schutzstatus gegenüber erbgutverändernden oder Fehlbildungen hervorrufenden Gefahrstoffen. Das Ignorieren bzw. Unterdrücken der Gesundheitsschutzproblematik im Umgang mit den biozidbelasteten Objekten ist schlichtweg keine Option mehr.

Ein sachliches, systematisches und datenbasiertes Herangehen sollte das Mittel der Wahl sein *(siehe Abb. 1)*. Dies ist vor allem wichtig in Bezug auf die Datenerhebung und Bewertung der Ergebnisse auch im Hinblick auf die Exposition. Erfahrungen zeigen, dass ein wissenschaftlicher Anspruch bei Planung und Umsetzung eine gute Basis legen, die zusammen mit einer sachlichen, offenen Kommunikation sowohl zum Verständnis, zur Akzeptanz und zur Unterstützung der Maßnahmen beitragen als auch zu einem vernünftigen, sachlichen Umgang mit der Problematik.

Eine besondere Verantwortung haben Sammlungen und Museen beim Austausch von Objekten im wissenschaftlichen und ausstellungsbezogenen Leihverkehr, bei externen Sammlungsgästen und der Präsentation von belasteten Objekten in Ausstellungen *(siehe Kap. 8)*. Ziel muss es sein, eine Balance zu finden, die die Nutzung der Objekte bei Beachtung aller notwendigen Schutzmaßnahmen erlaubt. Dazu gehört auch eine entsprechend dem bestehenden Risiko angepasste Information an die Nutzer.

4. Systematisches Vorgehen – »Prozessplan«

Das systematische Vorgehen innerhalb einer gewissenhaften Arbeitsschutzorganisation ist grundlegend für einen guten Mitarbeiterschutz. Der Prozess der Gefährdungsbeurteilung sollte systematisch organisiert sein und die einzelnen Prozessschritte sorgfältig, fachlich fundiert, aber auch pragmatisch umgesetzt werden. Das folgende Flussdiagramm gibt einen Überblick zu den wichtigsten Eckpunkten und »Gabelungen« sowie den notwendigen Hintergrundinformationen der Gefährdungsbeurteilung. Die einzelnen Eckpunkte sind mit den Kapiteln dieser Handreichung verbunden und liefern eine Hilfestellung bei der Erkundung der Gefahrstoffbelastung.

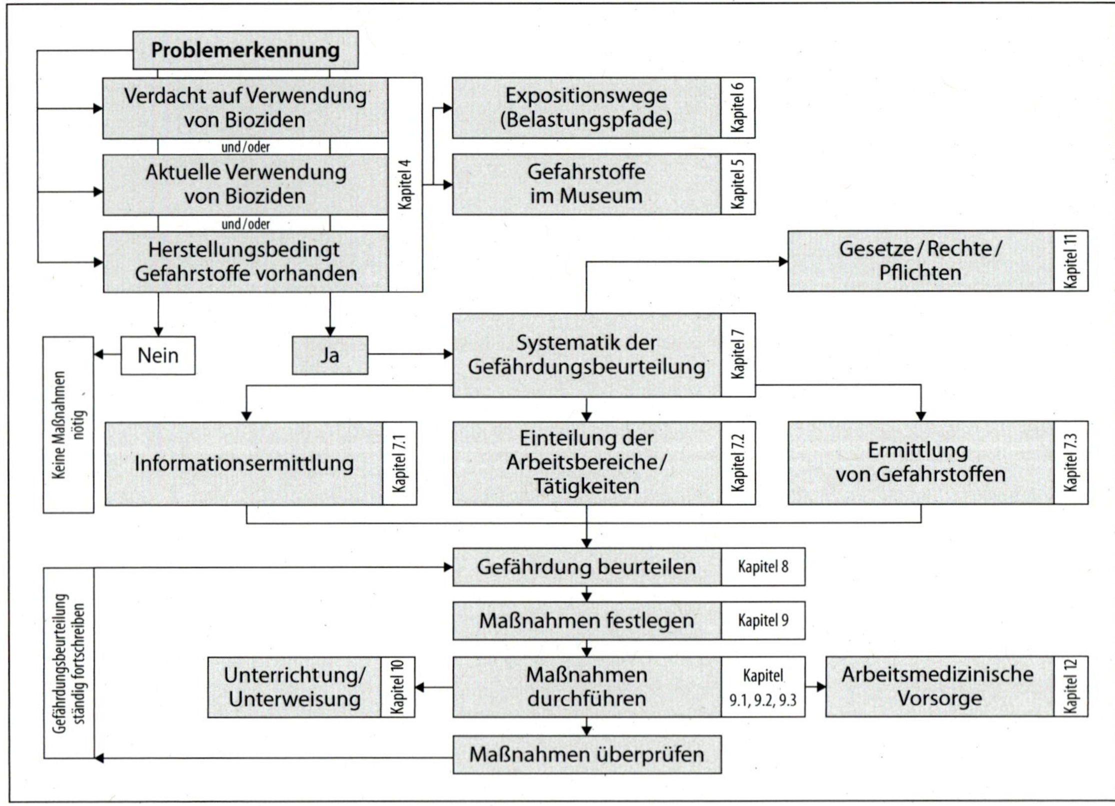

Abbildung 1: ***Übersicht für ein systematisches Vorgehen bei einem Verdachtsfall zu kontaminierten Objekten mit Verlinkung der Kapitel dieser Handreichung***

Problemerkennung: Gefahrstoffe in Objekten, Lagerungs- und Ausstellungsräumen erkennen

Ob eine Belastung mit Gefahrstoffen in Objekten oder Lager- und Ausstellungsräumen vorliegt und inwieweit eine Gesundheitsgefahr ausgeht, kann allein mit laboranalytischen Verfahren geklärt werden *(siehe hierzu Kap. 7.3, Ermittlung von Gefahrstoffen)*.

Analysen wird man jedoch nicht ohne Anfangsverdacht durchführen. Nur in Extremfällen ergibt dieser sich durch außergewöhnliche Erkrankungen bei Mitarbeitern. Im Allgemeinfall sind dies Wahrnehmungen durch Gerüche, Auffälligkeiten an Objekten, Erfahrungen langjähriger Mitarbeiter oder schlicht die Dokumentation zum Einsatz von Bioziden und anderen Gefahrstoffen an Objekten, in Lagersystemen und Räumen.

Eine Einschätzung der Gefahrenlage durch Sinnesorgane und Recherchen in Archiven und bei Mitarbeitern ist wichtig, um die weiteren Schritte fokussieren zu können. Je breiter und unkonkreter der Verdachtsfall, desto schwieriger die Analyse der Gefahrenlage und Einschätzung der Gesundheitsbelastung. Ein Fragenkatalog kann helfen, Hinweise auf Vorhandensein und/oder die Art der möglichen Belastung zu sammeln und zusammenzustellen, um damit den Verdachtsfall einer Schadstoffbelastung in musealen Räumlichkeiten zu erkennen oder zu festigen.

Da Gefahrstoffe mit den menschlichen Sinnesorganen nicht hinreichend ermittelt und beurteilt werden können, ist die Beantwortung der Fragen als Grundlage zu verstehen. Mit deren Hilfe können kontextabhängige und weiterführende Überlegungen angestellt werden. Der Fragenkatalog ersetzt in keinem Fall die laboranalytische Bewertung und erhebt keinen Anspruch auf Vollständigkeit. Er versteht sich als Anregung und sollte an die konkreten Bedingungen angepasst und ergänzt werden.

Abbildung 2:
Sammlung von Tüten mit Biozidwirkstoffen

Abbildung 3:
Reststoffdose mit Globol

Abbildung 4:
Weißliche Ablagerung auf einer Holztafel

Abbildung 5:
Ölige Rückstände auf einer Skulptur

ⓘ Fragenkatalog: Anregung zur Problemerkennung

Woher können Gefahrstoffe kommen?

Schlagworte: Material, Herstellung, Behandlung

Gefahrstoffe können bewusst, mit einer Schutzintention, oder unbewusst, über den Herstellungsprozess bzw. materialimmanent, eingebracht worden sein. Quecksilber findet sich nicht nur in Herbarien, sondern auch in historischen Spiegeln, Filzhüten und Thermometern. Dieses und weitere toxische Metalle wie Arsen, Blei, Cadmium, Chrom etc. sind Bestandteile zahlreicher Farbpigmente wie beispielsweise Schweinfurter Grün, Bleiweiß, Cadmiumgelb, Chromgelb und Chromgrün. In Anstrichfarben (Antifouling) oder modernen HSM sind Zinnverbindungen (TBT) enthalten. In Leder finden sich Chrom (VI)-Verbindungen. Nickel (Kontaktallergen) findet sich in Schmuck, Brillen und als Korrosionsschutzüberzug auf Metallgegenständen. In technischen Sammlungsgegenständen finden sich Asbest oder künstliche Mineralfasern u. a. in Wandputzen, Wärmedämmungen und Dichtungen. Radioaktive Materialien finden sich vor allem in mineralogischen Sammlungen, aber auch Urangläser, technische Geräte, hygienische Artikel etc. können eine radioaktive Strahlung aufweisen *(siehe hierzu Kap. 5)*.

Was wird gesammelt?

Schlagworte: Sammlungsschwerpunkt – Materialarten in der Sammlung

1. Generell: Mit Bioziden ist in allen Sammlungen zu rechnen, die natürliche bzw. biologische Materialien und Objekte beinhalten, vor allem in Sammlungen der Naturkunde, Ethnologie, Medizin.

2. Materialspezifisch: Abhängig vom Sammlungsschwerpunkt bzw. den vorhandenen Materialien in der Sammlung (z. B. Papier, Holz, Leder, Wolle, tierische Häute oder Pflanzen), sind unterschiedliche Biozide verwendet worden.

3. Beispiele: In Sammlungen mit tierischen Häuten finden sich häufig toxische Metalle wie Arsen. In Herbarien wurde zum Schutz der getrockneten Pflanzen vor Schimmel regelmäßig Quecksilbersublimat verwendet. Sammlungen mit Holztafelgemälden, Skulpturen, Mobilien und sonstigen Objekten aus Holz sind häufig mehrfach, auch präventiv, mit Organochlor-Bioziden behandelt worden.
Neben den toxischen Metallen und den Organochlor-Bioziden wurden in musealen Sammlungen auch Organophosphate, polyaromatische Kohlenwasserstoffe und Pyrethroide eingesetzt *(siehe hierzu Kap. 5)*.

Wurde in der Vergangenheit die Verwendung von Gefahrstoffen dokumentiert?

Schlagworte: Dokumentation/Überlieferung

Anhand einer Recherche in alten Dokumentationen, Rechnungen, Reststoffen (Gebinde, Verpackungen, Dosen etc.), Applikationsmaterialien (»Giftspritzen«, Tauchbehälter etc.) oder durch mündliche Überlieferungen früherer Mitarbeiter kann ein Verdacht der Verwendung von Gefahrstoffen wie Bioziden, Flammschutzmitteln etc. verfestigt oder bestätigt werden.

Können Gefahrstoffe durch die Sinne erkannt werden?

Schlagworte: Erkennung durch Geruch, Aussehen

Wahrnehmung olfaktorisch

Einige Biozide und Gefahrstoffe können vom Menschen durch einen charakteristischen Geruch wahrgenommen werden, z. B. die Organochlor-Biozide Naphthalin (Geruch nach Mottenkugeln) und 1,4-Dichlorbenzol (kampferartiger Geruch). Darüber hinaus sind auch andere Gefahrstoffe wie Formaldehyd durch einen besonders stechenden Geruch erkennbar. Gerüche werden allerdings sehr unterschiedlich wahrgenommen und empfunden. Eine eindeutige sensorische Bestimmung und Bewertung kann daher nur durch geübte Geruchsprüfer erfolgen.

Wahrnehmung optisch

Weißliche Ablagerungen oder glitzernde Kristalle an Holzobjekten können Ausblühungen von schwerflüchtigen Bioziden wie beispielsweise DDT sein *(vgl. Abb. 4)*. Es ist jedoch auch möglich, dass die Ausblühungen durch bestimmte Pigmente, Wachsbestandteile, Salze oder andere Substanzen verursacht worden sind. Weißliche Stäube an naturkundlichen Objekten oder kleine Behälter mit weißen Pulvern in Sammlungskästen können ein Hinweis auf Organochlor-Biozide wie Lindan oder auch Arsensalze sein, die häufig verwendet wurden.

Ölige Rückstände auf Holzoberflächen, die häufig als ringförmige Verdunklung um Ausflugslöcher von Holzschädlingen erscheinen, können ein Hinweis auf die Verwendung von Bioziden mit öligen Lösemitteln sein *(vgl. Abb. 5)*.

Besteht als Ergebnis der Beantwortung des Fragenkatalogs ein Verdacht auf das Vorliegen einer Belastung mit Gefahrstoffen, muss der Rechtsträger bzw. Arbeitgeber (TRGS 524, Punkt 3.2.1 Absatz 2) im Vorfeld der zu tätigenden Arbeiten das mögliche Gefährdungspotenzial beurteilen und ggf. nötige Schutzmaßnahmen einleiten. Die Beurteilung schließt i. d. R. auch die analytische Ermittlung der Gefahrstoffe durch ein zertifiziertes Labor ein.

5. Gefahrstoffe im Museum

Die umfangreiche Verwendung von gefährlichen Substanzen zur präventiven und kurativen Schädlingsbekämpfung von Sammlungsobjekten hatte ihren Anfang in der Mitte des 19. Jahrhunderts. Allerdings waren erste Behandlungen zur Schädlingsbekämpfung schon sehr viel früher unternommen worden. Seit etwa 1830 war Arsen, insbesondere Arsenseife, zum Standardkonservierungsmittel für ethnologische oder naturkundliche Sammlungen geworden, ebenso wie das Quecksilbersublimat, welches gerne als keimtötendes Konservierungsmittel bei der Herstellung von Tierpräparaten verwendet wurde, da es zusätzlich eine fixierende Wirkung besitzt. Circa 100 Jahre später wurden die – auch schon damals als hochgradig gesundheitsgefährdend bekannten – metallhaltigen Biozide von den neuartigen chlororganischen Substanzen abgelöst. Diese in ihrer Herstellung schnellen und preisgünstigen Biozide galten offiziell bis weit in die 1980er-Jahre hinein als ungiftig für den Menschen und wurden dementsprechend flächendeckend genutzt. Später kamen zusätzlich auch die Organo-Phosphor-Biozide, Pyrethroide, Phenole und Kresole zum Einsatz. Jedoch bilden nicht nur die eingebrachten Biozide ein Gesundheitsrisiko, auch schon herstellungsbedingt können toxische Substanzen in den Sammlungsobjekten vorliegen. Besonders hervorzuheben wären hier die Quecksilberspiegel oder arsenhaltige Pigmente (Schweinfurter Grün, Auripigment).

Offenkundig sind große Teile musealer Sammlungen, insbesondere die mit einem Sammlungsschwerpunkt auf organischen Materialien (Leder, Federn, Holz, Textil etc.), mit einer Vielzahl von unterschiedlichen Bioziden behandelt worden. Nur selten liegen Dokumentationen der durchgeführten Maßnahmen vor, sodass in der Regel keine eindeutigen Informationen zu der Menge und Art der verwendeten Biozide vorliegen. Die damals verwendeten und heute verbotenen Biozide sind rechtlich als Gefahrstoffe einzuordnen und unterliegen der Gefahrstoffverordnung (GefStoffV) und weiteren gefahrstoffrechtlichen Regelungen.

ⓘ Beständigkeit von Bioziden

Viele der Gefahrstoffe gelten als persistent (beständig). Zusätzlich nimmt die biologische Abbaufähigkeit bei sinkender Temperatur, Feuchtigkeit und UV-Lichtausschluss tendenziell ab. Daher werden die Gefahrstoffe in den stabilen klimatischen Bedingungen der Depots bzw. Sammlungsräume regelrecht »konserviert« und lassen sich selbst Jahrzehnte nach der Verwendung noch in hohen Mengen nachweisen.

Folgende Auflistung gibt Einblick in die Art, das Vorkommen und die Toxikologie der im musealen Bereich häufig vorkommenden Gefahrstoffgruppen. Eine weiterführende tabellarische Listung der Gefahrstoffe ist dem Anhang zu entnehmen. Die folgend dargestellte Gruppierung der Gefahrstoffe erfolgte nach den chemischen Ordnungen.

ⓘ CMR-Stoffe

Grundsätzlich werden kanzerogene, mutagene und reproduktionstoxische Arbeitsstoffe (CMR-Stoffe) in Deutschland nach dem Bewertungskonzept der Europäischen Union (CLP-Verordnung) eingestuft. In der nachfolgenden Tabelle sind die Einstufungskriterien für krebserzeugende Stoffe erläutert:

Kategorie 1A	*Kategorie 1B*	*Kategorie 2*
Stoffe, die bekanntermaßen beim Menschen karzinogen sind. Die Einstufung erfolgt überwiegend aufgrund von Nachweisen beim Menschen.	Stoffe, die wahrscheinlich beim Menschen karzinogen sind. Die Einstufung erfolgt überwiegend aufgrund von Nachweisen bei Tieren.	Verdacht auf karzinogene Wirkung beim Menschen. Die Einstufung erfolgt aufgrund von Nachweisen aus Studien an Mensch und/oder Tier, die jedoch nicht hinreichend genug für eine Einstufung in die Kategorie 1A oder 1B sind.

Quelle: Tabelle 3.6.1 Verordnung (EG) Nr. 1272/2008

5.1 Chemische Gefahrstoffe

Toxische Metalle

Viele Metalle sind ubiquitär in der Umwelt vorhanden. Einige von ihnen wie Zink, Nickel oder Eisen sind als sogenannte Spurenelemente essenzielle Bestandteile zur Funktionalität des menschlichen Organismus. Bei zu hohen Konzentrationen können selbst die essenziellen Metalle toxische und/oder kanzerogene Wirkungen erreichen. Als besonders toxisch für den Menschen müssen Cadmium, Blei, Quecksilber und Arsen genannt werden. Diese Metalle wurden nicht selten auch in musealen Bereichen in teils hohen Mengen nachgewiesen. Vor allem in naturkundlichen sowie in ethnologischen Sammlungen wurden toxische Metalle in Form von Quecksilbersublimat oder Arsenseife zur Konservierung der organischen Sammlungsobjekte verwendet. Jahrhundertelang war die Verwendung dieser Verbindungen die einzige Möglichkeit, vergängliche organische Objekte für die Nachwelt zu erhalten.

Gesundheitlich bedenkliche Metalle sind jedoch nicht nur als konservatorische Maßnahmen eingebracht worden, sondern auch herstellungsbedingt. Sie können beispielsweise in Farbpigmenten oder in technischen Sammlungsgegenständen bereits in toxischen Mengen vorhanden sein oder sich im Staub anreichern.

Toxisches Potenzial

Im menschlichen Körper können freie Metallionen zu immunologischen und auch zu toxischen Reaktionen führen. Das kann nicht nur bei den nicht essenziellen Metallen (Blei, Arsen, Cadmium, Quecksilber) beobachtet werden, sondern auch bei den essenziellen. Während die Intoxikationen von hohen aufgenommenen Mengen toxischer Metalle durch Umweltvergiftungen (z. B. Itai-Itai-Krankheit, bedingt durch Cadmium in Japan) mittlerweile bekannt sind, sind chronische Gesundheitsschäden durch geringere Konzentrationen, wie sie beispielsweise bei Arbeiten mit arsenbelasteten Tierpräparaten auftreten können, in den Vordergrund der Forschung gerückt. So wird diskutiert, dass Blei und Quecksilber durch eine niedrig dosierte chronische Aufnahme das zentrale Nervensystem und das Immunsystem schädigen können. Einige Metalle, wie zum Beispiel Quecksilber, können auch in erhöhten Mengen in der Luft vorhanden sein und somit inhalativ aufgenommen werden. Besonders betont werden sollte jedoch die Kanzerogenität einiger Metalle bzw. einiger Metallverbindungen bei chronischen Expositionen durch Chromate, Nickel-, Cadmium- und Arsenverbindungen.

Stoffname	Verwendung
Antimon	Legierungen, Halbleiter, medizinische Präparate (Brechweinstein), Bremsbeläge, Farbpigmente, Bleiglas, Flammschutzmittel, Antimonsalze in Pestiziden
Arsen	Arsenseife als Konservierungsmittel, Farbpigmente (Auripigment, Schweinfurter Grün)
Blei	Strahlenabschirmung bei historischen Röntgengeräten, Akkumulatoren, Rohre in historischen Bauwerken, Fensterfassungen, Dachdeckungen, Legierungen, Pigmente (Bleiweiß, Mennige, Bleizinngelb, Chromgelb, Neapelgelb)
Cadmium	Korrosionsschutz, Legierungen, Farbpigmente in Lacken, Pigmente (Cadmiumgrün, -gelb, Akkumulatoren, Schmierstoffe, Stabilisator in Kunststoffen, Pestizide)
Chrom	Legierungen, Gerbung (Chromgerbung), Pigmente (Chromgelb, Chromgrün)
Kobalt	Pigmente, Kobaltglas (Smalte)
Kupfer	Legierungen, Baubereich (Leitungen, Bleche), Pestizide, Pigmente (Ägyptisch Blau, Bremer Blau, Grünspan)
Nickel	Legierungen, Korrosionsschutz, Pigmente
Quecksilber	Wissenschaftliche Geräte, elektrische Schalter, Zahnamalgam, heilkundliche Mittel, Pharmazeutika, Kosmetika, Pestizide, Herstellung von Präparaten, Daguerreotypien
Organisches Zinn[5]	Antifouling-Anstriche, Holzschutzmittel, Silikondichtstoffe, Textilien (als Biozid)

5 Es existieren verschiedene Zinnspezies, dabei ist das metallische Zinn auch in höheren Mengen ungiftig. Es existieren jedoch einige organische Zinnspezies, wie die Tributyl-Zinnverbindungen, die als hochtoxisch angesehen werden müssen. Organische Zinnverbindungen wurden in Farbabstrichen, Holzschutzmitteln und Dichtstoffen als Biozide verwendet. Sie gelten als hormonell wirksame Substanzen und stehen im Verdacht, immunsuppressiv zu wirken.

Organochlor-Biozide

Zu den am häufigsten verwendeten Wirkstoffen der Organochlor-Biozide gehören DDT, PCP sowie γ-HCH. Weitere sind Methoxychlor, Toxaphen, Hexachlorbenzol, Dieldrin, Aldrin oder Endrin. Diese insektiziden Wirkstoffe bildeten die größte Gruppe der verfügbaren Holzschutzmittel (HSM) der Nachkriegszeit bis circa 1990. In den einzelnen HSM sind damals in der Regel Kombinationen aus fungiziden und insektiziden Wirkstoffen eingesetzt worden, die vorwiegend im Baubereich gezielt Verwendung fanden.

Wegen der einfachen Verfügbarkeit und der billigen Herstellung wurden diese Mittel umfangreich in allen Bereichen verwendet, in denen organische Materialien vor Insektenfraß geschützt werden mussten. Durch die technische Produktion enthalten die Biozidformulierungen neben den reinen Wirkstoffen häufig Verunreinigungen (z. B. Dioxine in PCP), die ebenfalls toxisch sein können.

Durch chemischen Abbau können neue Substanzen wie gamma-Pentachlorcyclohexen aus Lindan mit in der Regel bisher unbekanntem toxikologischen Potenzial entstehen.

Stoffname	Chemischer Name und Verwendung
PCP	Pentachlorphenol, Bestandteil von Holzschutzmitteln (z. B.: Xylamon BV, Hylotox IP), Imprägniermittel von Leder. Vorsicht: PCP kann herstellungsbedingt mit den hochtoxischen Dioxinen und Furanen verunreinigt sein
Lindan	γ-Hexachlorcyclohexan, Insektizid in Holzschutzmitteln (Bsp.: Xylamon BV, Xyladecor). Enthält Anteile an den Isomeren α-HCH und β-HCH
HCB	Hexachlorbenzol, Fungizid in Holzschutzmitteln, Flammschutzmittel, Stabilisator in Farben und Kunststoffen
Cyclodiene	Aldrin, Dieldrin, Endrin, Heptachlor; Insektizide in Holzschutzmitteln, Textilien
DDTs	Dichlordiphenyltrichlorethan und Metaboliten, Insektizid in öligen Holzschutzmitteln, Holz, Textilien, organische Materialien allgemein
Polychlorierte Naphthaline	Insektizide und fungizide Wirkung in Holzschutzmitteln

Toxisches Potenzial

Bei den persistenten chlorierten Kohlenwasserstoffinsektiziden (CKWs) und -fungiziden handelt es sich um Stimulanzien des Nervensystems, welche bei höheren Expositionsmengen zu Koordinationsstörungen, Krampfanfällen und Tremor führen können. Vor allem bei einer chronischen Exposition bei Tierversuchen ist die Leber ein weiteres Zielorgan, hier wurden Enzymkonzentrationserhöhungen, Lebervergrößerungen und bei höheren Expositionsmengen Nekrosen beobachtet. Speziell in den letzten Jahren ist die hormonell wirksame Aktivität einiger CKWs bekannt geworden. Sie stehen dadurch im Verdacht, zu einem erhöhten Brustkrebsvorkommen beizutragen. Dieser Umstand wurde jedoch noch nicht hinreichend bewertet. Besonders bei PCP muss ein keimzellmutagenes und entwicklungsschädigendes Risiko vermutet werden. Einige Insektizide aus der Gruppe der Organochlor-Pestizide sind als kanzerogen in der Kategorie 1A oder 1B (gesichert kanzerogen oder Kanzerogenität anhand von Tierversuchen vermutet) eingestuft.

Organophosphate

Die Organophosphate werden aus zwei Gruppen gebildet, welche sich hinsichtlich ihrer Eigenschaften deutlich unterscheiden. Die erste Gruppe (Ester der Phosphorsäure) wirken als Insektizide, die andere Gruppe (Phosphorsäuretriester) wird als Weichmacher, Flammschutzmittel und Schmiermittelzusatz verwendet. Beide Gruppen können im musealen Bereich angetroffen werden. Organophosphate als Insektizide galten als eine weniger umweltschädliche Alternative zu den Organochlor-Pestiziden und werden seit dem Verbot ebendieser als Ersatz verwendet. Teilweise werden sie auch heute noch eingesetzt (z. B. Dichlorvos). Die Substanzen sind in der Regel lipophil und besitzen einen hohen Dampfdruck, weswegen sie hauptsächlich inhalativ, jedoch auch dermal über den Staub aufgenommen werden können.

Toxisches Potenzial

Eine gesundheitlich bedenkliche Aufnahme dieser Insektizide/Flammschutzmittel beschränkt sich hauptsächlich auf die industrielle Herstellung der Substanzen und einen unsachgemäßen Gebrauch während der Schädlingsbekämpfung. Erwähnenswert ist, dass auch bei chronisch niedrigen Belastungen dauererregende und zentralnervöse Wirkungen beobachtet wurden. Auch zeitlich verzögerte Neuropathien (1–3 Wochen, Organophosphate-induced delayed neuropathy – OPIDN) bei einigen Wirkstoffen sind möglich. Diese können jedoch nur nach einer akuten Vergiftung auftreten. Zeitlich verzögerte Neuropathien durch Organophosphat-Flammschutzmittel wurden bisher nicht beobachtet und sind vergleichsweise gering gegenüber den Bioziden dieser Gruppe.

Stoffname	Verwendung und Eigenschaften
Chlorpyrifos	Fraß- und Kontaktgift (auch Atemgiftwirkung). Wird immer noch eingesetzt als Spray und in Köderdosen
Diazinon	Kontakt-, Fraß- und Atemgift. Niedriger Dampfdruck
Dichlorvos	Besitzt einen hohen Dampfdruck und wirkt deswegen hauptsächlich als Inhalationsgift. Deswegen Einstufung als hochgefährliches Pestizid mit möglicherweise mutagenem und allergenem Potenzial
Dimethoat	Kontaktgift (nur für den Gebrauch auf Pflanzen)
Fenitrothion	Kontakt- und Fraßgift. Zersetzt sich schnell in UV-Licht. Gilt als weniger gesundheitsschädliche Substanz als Parathion und wird als Ersatz verwendet (Pflanzen)
Omethoat	Kontakt- und Fraßgift
Malathion	Reines Kontaktgift, nur geringe Fraß- und Atemgiftwirkung (Pflanzen)
Parathion	Starkes Insektizid, auch für Warmblüter (Menschen) sehr giftig

Polyaromatische Kohlenwasserstoffe

Polyaromatische Kohlenwasserstoffe (PAK) entstehen bei der unvollständigen Verbrennung von organischem Material. Dabei können einige Hundert verschiedene PAK-Verbindungen auftauchen. Auch die festen und flüssigen Produkte, die bei einer sauerstoffarmen Verbrennung von organischem Material (Teer, Erdöldestillate, Motorenöle, Ruß) entstehen, enthalten PAKs. Sie bestehen aus zwei bis sieben Ringverbindungen und sind schwer löslich in Wasser, aber leicht fettlöslich. Je nach Siedepunkt können die PAKs in der Luft gasförmig vorliegen oder adsorbieren an Partikeln (Dieselruß). In Museen bzw. Baudenkmälern kommen die PAKs vor allem als sogenannte Teerkleber vor, aber auch in Dachbelägen, Farben, Beschichtungen oder in Holzschutzmitteln. Ältere Parkette oder anderweitige Bodenbeläge wurden häufig mit den schwarzen Parkettklebern direkt auf den Untergrund aufgeklebt. Durch Ritzen im Boden und/oder bei mechanischer Beanspruchung können die PAKs in die Raumluft oder in den Hausstaub diffundieren.

Toxisches Potenzial

Da durch den Entstehungsprozess viele verschiedene Arten von PAKs gebildet werden, kommen sie in unterschiedlicher Zusammensetzung als Gemisch vor. Bei dem analytischen Messvorgang werden in der Regel etwa 6–16 PAKs routinemäßig gemessen. Als Marker (Leitsubstanz) in einem PAK-Gemisch wird das Benzo[a]pyren (BaP) verstanden, welches auch am besten auf seine biologische Wirkung untersucht worden ist. Im Vordergrund, anlässlich ihres Toxizitätspotenzials, stehen die höhermolekularen PAKs mit 4–6 Benzolringen. BaP-haltige Gemische gelten als eindeutig krebserzeugend und stehen im Verdacht, frucht- und fortpflanzungsschädigend zu sein.

Stoffname	Verwendung und Eigenschaften
Benzo[a]pyren (BaP)	Leitsubstanz. PAKs treten in variablen Gemischen auf. BaP wird vereinfachend als Maß der toxikologischen Wirkungsstärke der Gemische verwendet
Kreosot	Wird aus Holzkohleteer gewonnen. Insektizid und Fungizid. Früher weitverbreitete Anwendung als Holzschutzmittel (HSM), heutzutage in der Benutzung eingeschränkt. Noch erlaubt an Bahnschwellen, Telefon- oder Strommasten, Zäunen und für landwirtschaftliche Zwecke
Polychlorierte Naphthaline	Insektizide und fungizide Wirkung in Holzschutzmitteln
Carbolineen	Auch Karbolineum. Niedrigviskose Teeröl-Destillate. Ähnlich wie Kreosot

Pyrethroide

Pyrethrum gilt als eines der ältesten natürlichen Insektizide. Vermutlich wurde es schon von den alten Römern als Insektizid erkannt und verwendet. Hergestellt wird das natürliche Insektizid aus einem Extrakt aus verschiedenen Chrysanthemenarten. Weltweit nahmen die Pyrethroide ab circa 1970 an Bedeutung zu, nachdem die problematische Anreicherung der chlorierten Insektizide und eine hohe Toxizität organischer Phosphorsäureester erkannt wurden. Da das natürliche Pyrethrum zu kurzen Halbwertszeiten aufgrund vollständiger Fotooxidationen neigt, begann die Industrie schon früh mit der synthetischen Herstellung dieser Verbindungen. Dabei konnte ab 1973 die stärker wirksame und stabilere Verbindung Permethrin synthetisiert werden. Die Pyrethroide sind heutzutage noch vertreten bei Anwendungen im Pflanzen- und Vorratsschutz, als Arzneimittel, zum Holzschutz und vor allem als Textilschutz.

Toxisches Potenzial

Die Pyrethroide wirken als Kontakt- und Fraßgift. Es sind lipophile Substanzen mit einem niedrigen Dampfdruck, die eine hohe Neurotoxizität gegenüber den Zielorganismen (Schadinsekten) und zusätzlich eine sehr hohe Fischtoxizität besitzen. Sie müssen wegen einer schnellen Metabolisierung mit anderen Substanzen, sogenannten Wirkverstärkern (Piperonylbutoxid), kombiniert werden. Bei Menschen wirken Pyrethroide ebenfalls als Nervengifte. Wie bei den Organochlor-Pestiziden verzögern sie die Schließung des Natriumkanals, somit stehen die Nervenzellen unter ständiger Spannung. Dies kann zu einem Tremor in der gesamten Motorik führen. Akute Vergiftungen sind wegen der eher geringen Toxizität sehr selten. Nur nach einer oralen Aufnahme oder bei ungeschützten Schädlingsbekämpfungsmaßnahmen werden Vergiftungserscheinungen wie Missempfindungen und Juckreiz wahrgenommen.

Stoffname	Verwendung und Eigenschaften
Pyrethrum	Naturprodukt. Extrakt oder Pulver aus Crysanthemum-Arten. Enthält die natürlichen insektiziden Wirkstoffe der Pyrethrine. Schon sehr frühe Anwendung als »Insektenpulver« oder in löslichen Formulierungen
Pyrethrine	Sammelbegriff für die synthetisch hergestellten insektiziden Wirkstoffe Pyrethrin I und II, Cinerin I und II und Jasmolin I und II. Sie sind gegen Sauerstoff, Wärme und UV-Licht sehr empfindlich, deswegen werden sie als Kurzzeitinsektizide verwendet. Synthetische Derivate sind deutlich stabiler
Permethrin	Insektizid, Akarizid. Breites Wirkspektrum. Als Pflanzenschutz nicht mehr zugelassen. Wird aber noch in Holzschutzmitteln, zur Bekämpfung von Läusen und Krätze sowie zur Rüstung von Teppichen und anderen Wohntextilien verwendet
Cypermethrin	Kontaktinsektizid, wird immer noch in Holzschutzmitteln verwendet
Cyfluthrin	Keine Zulassungen mehr in EU-Staaten. Früher jedoch als Zusatz in Repellents und in der Rüstung von Textilien
Deltamethrin	Insektizid in Pflanzenschutzmitteln und zur Rüstung von Textilien; EU-weit zugelassen
Fenvalerat	Insektizid, Akarizid. Nicht mehr zugelassen. Früher jedoch als Rüstung in Textilien und im Pflanzenschutz
Allethrin	Seit 1952 als Pestizid genutzt und immer noch im Handel als medizinisches Produkt gegen Läuse, Zecken, Krätze etc.
Fluvalinat	Insektizid und Akarizid. Derzeit als Pflanzenschutzmittel in der EU zugelassen

5.2 Biologische Arbeitsstoffe

Nicht selten treten in musealen Bereichen Gefährdungen durch biologische Arbeitsstoffe auf. Definitionsgemäß nach BioStoffV sind biologische Arbeitsstoffe Mikroorganismen, Zellkulturen und Endoparasiten, die den Menschen durch Infektionen, übertragbare Krankheiten, Toxinbildung (Bildung von Giften), sensibilisierende oder sonstige die Gesundheit schädigende Wirkungen gefährden können. Im musealen Bereich als vorherrschend zu nennen sind die Schimmelpilze. Ursache für ein Schimmelpilzwachstum sind immer erhöhte Feuchte, Nährstoffangebot und Temperatur, denn die Schimmelpilzsporen sind beinahe überall zu finden, ebenfalls in Innenräumen. Ist die Schimmelpilzkonzentration in der Raumluft zu einem bestimmten Maß erhöht, kann sich daraus eine Gesundheitsgefahr ergeben. Der Schimmelpilz an sich ist ein Sammelbegriff für sporenbildende Pilze. In der Wachstumsphase bildet der Schimmelpilz sogenannte Zellfäden, die mit dem bloßen Auge nicht zu erkennen sind. Erst die gefärbten Sporen, die der Pilz zur Vermehrung bildet, sind als schwarze oder gelbe Flecken an den Wänden oder auf den Objekten erkennbar.

Ein weiterer oft unerkannter biologischer Arbeitsstoff im musealen bzw. denkmalsanierenden Bereich ist Taubenkot. Tauben scheiden mit ihrem Kot viele krankheitserregende Mikroorganismen aus. Dabei besitzt frischer Taubenkot ein höheres Infektionsrisiko als alter, eingetrockneter Taubenkot. Vorsicht ist jedoch an Orten geboten, die nicht direkter Sonneneinstrahlung (u. a. Dachstühle) ausgesetzt sind, dort kann auch älterer Taubenkot ein erhöhtes Infektionsrisiko darstellen.

Biostoff	Toxische oder sensibilisierende Wirkung
Schimmelpilze z. B. Aspergillus, Penicillium spp., Alternaria spp., Mucor spp.	Mykotoxine, Glucane gelten als toxisch, sie spielen jedoch laut TRBA 240 keine Rolle bei Tätigkeiten mit kontaminiertem Archivgut Schimmelpilzsporen, Hyphen gelten als sensibilisierend. Sie können bei längerem, intensivem Kontakt zu allergischen Reaktionen führen
Actinomyceten (Bakterienart)	Allergenes Potenzial (sensibilisierend)
Taubenkot	Übertragungen von Krankheiten oder Krankheiten durch auf dem Kot gewachsenen Schimmel. Eingeschleppte Ektoparasiten (Flöhe, Zecken) können ebenfalls Krankheiten übertragen

Toxisches Potenzial

Im Innenraum hat der inhalative Expositionspfad von Schimmelpilzen in Staub oder von Sporen in der Raumluft die größte Bedeutung. Schimmelpilzsporen weisen einen aerodynamischen Durchmesser von 2 – 3 µm auf und sind daher lungengängig. Sie können im Zusammenhang mit atemwegsbezogenen Allergien und Infektionen (Mykosen) stehen. Weitere Zielorgane für irritative und allergene Wirkungen können auch die Schleimhaut und die Haut sein.

5.3 Asbest und künstliche Mineralfasern

Als ein weiterer Gefahrstoff im musealen Bereich rücken immer mehr Asbest und alte künstliche Mineralfasern (KMF) in das Blickfeld. Hinsichtlich der gesundheitsschädigenden Wirkung wird in Deutschland zwischen alten Mineralfasern und neuen Mineralfasern unterschieden. Alte Mineralfasern können Stäube freisetzen, die als krebserzeugend zu bewerten sind, daher sind sie mittlerweile europaweit verboten. In technischen Sammlungsgegenständen als Flammschutzmittel, Wärmedämmung, Schutztextilien, Schläuche, Kabel, Brems- und Kupplungsbeläge oder als Fußbodenbeläge, Wandfarben, Kittmassen etc. in älteren Bauwerken sind sie jedoch immer noch weit verbreitet anzutreffen. Asbestminerale besitzen eine faserige Struktur, die ein großes Verhältnis zwischen Länge und Durchmesser (Länge-Durchmesser-Verhältnis 3:1) besitzen. Bei einer mechanischen Bearbeitung wie Schleifen, Bohren, Sägen, Kratzen können lungengängige Partikel entstehen. Bei künstlichen Mineralfasern, die vor 2000 eingesetzt wurden und keine genaueren Materialangaben besitzen, sollte (präventiv) von alten Mineralfasern ausgegangen werden.

Gefährdungspotenzial

Die Asbestfasern bzw. alte KMF können über den Mund oder die Nase eingeatmet werden. Die Ablagerung der Fasern ist abhängig von der Größe, Form und Dichte. Die Fasern sind teilweise mit einer Halbwertszeit in der Lunge von 6 bis 20 Jahren und länger biologisch beständig und können in den Alveolen und im umliegenden Lungengewebe zu Lungenfibrosen, Rippenfellschwarten und Krebserkrankungen an verschiedenen Organen (Kehlkopf, Lunge, Rippenfell, Bauchfell, Eierstöcken) führen.

5.4 Radioaktive Materialien

Nicht nur, aber vor allem in mineralischen Sammlungen können sich radioaktive Materialien befinden. Etwa 200 der heute bekannten uranhaltigen Mineralien weisen eine sehr hohe Radioaktivität auf. Bei einer Aufbewahrung dieser Mineralien in schlecht oder unbelüfteten Räumen kann sich radioaktives Radon anreichern. Auch bestimmte Geräte in technischen oder medizinhistorischen Museen, wie alte Röntgengeräte, hygienische Artikel, Produkte aus der Medizin etc., können eine radioaktive Strahlung aufweisen.

Gefährdungspotenzial

Vor allem die Zerfallsprodukte von Radon-222 sind für die menschliche Gesundheit von Bedeutung. Radon-222 entsteht innerhalb von vier Tagen aus Radon-226, welches wiederum aus dem radioaktiven Zerfall von Uran-238 entsteht. Die Zerfallsprodukte von Radon-222 sind Blei-218, Blei-214, Bismut-214 und Polonium-214. Sie lagern sich an die Aerosole (Schwebstaub, Nebel) in der Luft an und gelangen von dort durch Inhalation in den Atemtrakt. Dort zerfallen die radioaktiven toxischen Metalle unter Entstehung von energiereicher Alphastrahlung und schädigen die Zellen des Lungengewebes. Als Folge ist eine Lungenkrebserkrankung möglich.

6. Expositionswege (Belastungspfade)

Die Gefahrstoffe können über drei Expositionswege aufgenommen werden, über die Haut (dermal), über die Atmung (inhalativ) und über die Nahrung (oral). Je nach chemischer und physikalischer Zusammensetzung der Gefahrstoffe und in Zusammenhang mit den auszuführenden Tätigkeiten können die Gefahrstoffe auf einem oder mehreren Expositionswegen aufgenommen werden.

Nur durch das alleinige Vorhandensein eines Gefahrstoffes muss noch keine Gefährdung entstehen. Erst im Zusammenhang mit der durchzuführenden Tätigkeit können sich an jeweils demselben kontaminierten Objekt unterschiedliche Gefährdungen bzw. Expositionswege ergeben.

6.1 Orale Aufnahme

Der Darm hat durch die Ausbildung von Falten, Zotten und Mikrovilli eine Fläche von über 200 m^2 und bietet daher eine große Kontaktfläche des Körpers mit der Umwelt. Wird die Nahrung in einer kontaminierten Umgebung gelagert, können sich die lipophilen (»fettliebenden«) Gefahrstoffe bzw. toxischen Staubinhaltsstoffe anlagern oder werden über verunreinigte Hände auf die Nahrung übertragen. Sie können dann anschließend zusammen mit den Nährstoffen über den Darm aufgenommen und in die Blutbahn verteilt werden. Da Nahrungsmittel grundsätzlich nur in den vorgeschriebenen Räumen (Weißraum, Sozialraum, Pausenraum) gelagert und verzehrt werden sollten, kann dieser Expositionsweg relativ einfach ausgeschlossen werden.

6.2 Dermale Aufnahme

Die Haut des Menschen hat eine Oberfläche von circa 2 m^2 und ist ein wichtiges Grenzorgan zwischen den äußeren Umgebungseinflüssen und dem Menschen. Die Schutzschicht mit der Barrierefunktion ist die bis zu zwölfschichtige Hornschicht auf der Oberhaut. Die Hornschicht besteht aus nicht durchbluteten, abgestorbenen Hautzellen mit geringem Wassergehalt. Nur wenn Gefahrstoffe die Hornschicht durchdringen, können sie auch in den Blutkreislauf gelangen. Viele Gefahrstoffe besitzen die toxische Eigenschaft der Hautresorptivität »H« (Hautdurchdringung). Vor allem kleine und lipophile Moleküle (fettliebende Verbindungen) wie phosphororganische oder chlororganische Biozide, aber auch toxische Metalle können sehr schnell die Haut durchdringen. Durch bereits geschädigte/gereizte Haut können die Gefahrstoffe besonders leicht ein- bzw. durchdringen, weswegen eine ausreichende Hautpflege wichtig ist.

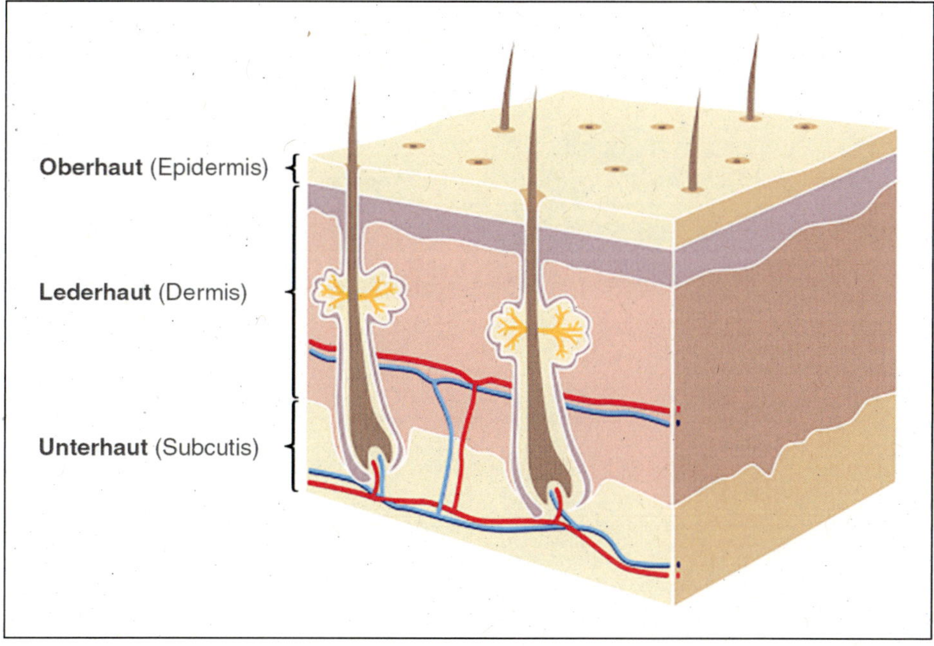

Abbildung 6: ***Aufbau der menschlichen Haut***

6.3 Inhalative Aufnahme

Die Lunge des Menschen hat eine innere Oberfläche von bis zu 200 m^2 und ist somit ebenfalls eine große Kontaktfläche zwischen den äußeren Umgebungseinflüssen und dem Menschen. Inhalativ über die Gasphase aufgenommen werden können Gefahrstoffe, welche aufgrund ihrer physikalischen bzw. chemischen Charakteristika einen hohen Dampfdruck besitzen oder wegen erhöhter Raumtemperatur trotz niedrigen Dampfdrucks in hoher Konzentration vorliegen. Auch in der Raumluft vorliegende Stäube können, abhängig von ihrer Größe, inhalativ aufgenommen werden und bis weit in die Alveolen vordringen *(vgl. Abb. 7)*.

Stäube sind feste Partikel, die sich in der Luft fein verteilen können. Selbst Rauch und Fasern mit einer länglichen Gestalt (Größenverhältnis 3:1, z.B. Asbest) gelten im weiteren Sinne ebenfalls als Staub. Zur Beurteilung einer Gesundheitsgefährdung ist

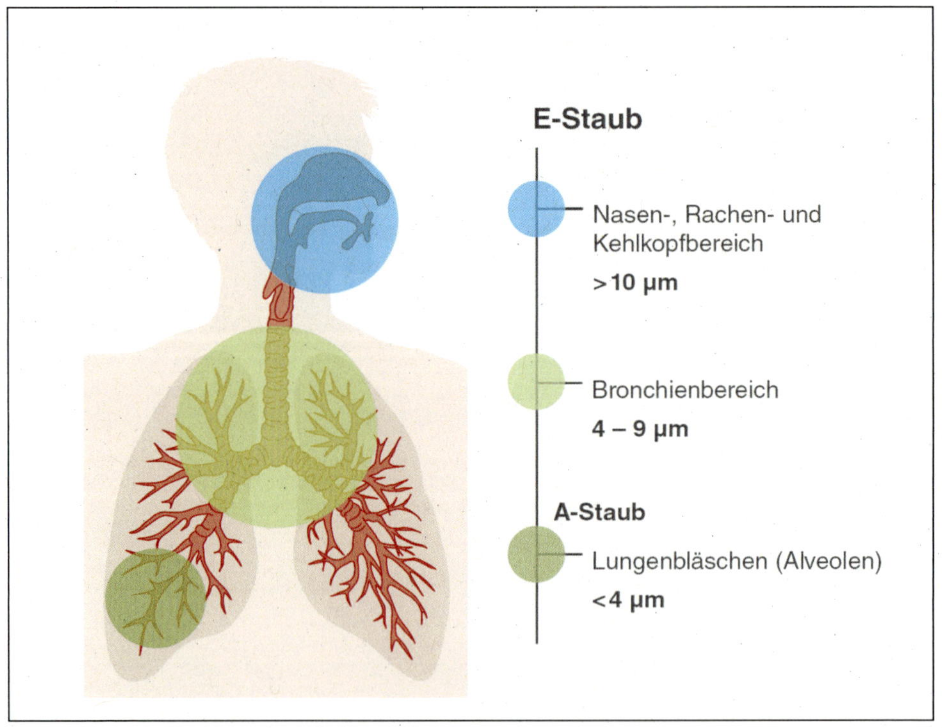

Abbildung 7: ***Inhalative Aufnahme von Staub***

neben der Partikelkonzentration und der Gefahrstoffverteilung auch die Partikelgröße von Bedeutung. Als E-Staub gelten die gesamten (durch Mund und Nase) einatembaren Partikel bis 10 µm Größe. Als A-Staub wird der alveolengängige Staub bezeichnet, der aufgrund seiner geringen Größe (aerodynamischer Durchmesser < 5 µm) in die Lungenbläschen vordringen kann.

Die Lunge verfügt mit dem sogenannten Clearance-System (Selbstreinigung) über die Möglichkeit, Staub/Schmutz mit dem Bronchialschleim wieder in den oberen Atembereich zu transportieren. Der störende Schmutz wird dann abgehustet oder verschluckt. Durch große Mengen Staub oder durch toxische Staubinhaltsstoffe kann das Clearance-System stark beeinträchtigt werden. Das kann zu Reizungen und Entzündungen in den Bronchien und im Lungengewebe führen, das natürliche Schutzsystem entfällt, und krebserzeugende/allergisierende Partikel werden nicht mehr abtransportiert.

6.4 Staub, Raumluft, Objekt als Quellen der Gefahrstoffe

Zur Beurteilung eines Expositionsweges ist es wichtig zu wissen, ob die Gefahrstoffe gasförmig, partikelgebunden oder in den Oberflächen der Objekte vorhanden sind. Dementsprechend unterteilen sich die Beurteilungsmatrizes in Raumluft, Hausstaub und Depositionsstaub auf den Objektoberflächen.

In der Raumluft können bestimmte Gefahrstoffe abhängig von ihrem Dampfdruck gasförmig vorliegen. Sie werden von der WHO anhand ihres Siedepunktes als sehr flüchtige organische Verbindungen (VVOCs = very volatile organic compounds) oder flüchtige organische Verbindungen (VOCs) bezeichnet. Außerdem befinden sich Sporen von Schimmelpilzen (MVOC = microbial volatile organic compound) ebenfalls in der Raumluft. Schwer flüchtige Stoffe (SVOC = semi-volatile organic compounds) können – vor allem bei höheren Temperaturen – in der Luft nachgewiesen werden. Sie befinden sich aber bevorzugt im Staub.

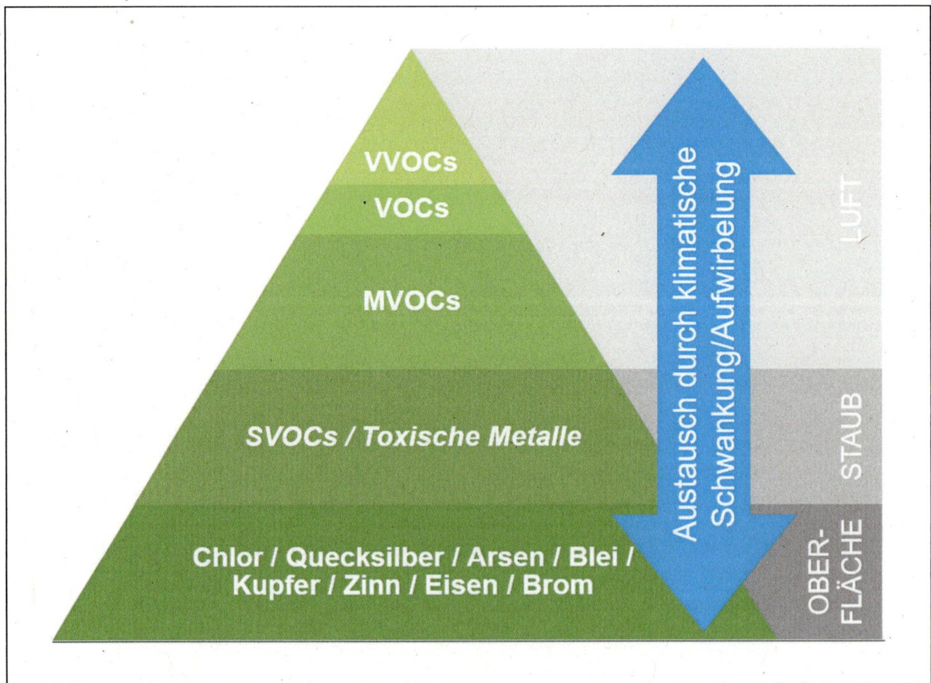

Abbildung 8: ***Beurteilungsmatrizes in Abhängigkeit zu der Art der Gefahrstoffe***

ⓘ Quecksilber in der Raumluft

Besonders hervorzuheben ist die Möglichkeit von Quecksilberdampf in der Raumluft musealer Depots. Studien wiesen besonders in Herbarien gesundheitsgefährdende Quecksilberwerte in der Raumluft nach.[6] Darüber hinaus können in Innenräumen durch alte Spiegel, Messgeräte, zerbrochene Quecksilberthermometer wie auch Energiesparlampen nicht unbedenkliche Konzentrationen an Quecksilber auftreten.

6 Briggs, D., Sell, P., Block, M., & l'Ons, R. (1983). Mercury vapour: A health hazard in herbaria. New phytologist, 94(3), 453–457. Oyarzun, R., Higueras, P., Esbrí, J., & Pizarro, J. (2007). Mercury in air and plant specimens in herbaria: A pilot study at the MAF Herbarium in Madrid (Spain). Science of the total environment, 387(1), 346–352.

Im Staub können sich die schwerflüchtigen Stoffe (SVOC), wie zum Beispiel die Organochlor-Pestizide sowie die toxischen Metalle, anreichern. Als Folge von staubenden Tätigkeitsvorgängen (Objekthandling, Staubsaugen etc.) können die Partikel in die Raumluft gelangen. Durch sekundäre Übertragungen und Senkeneffekte (Ablagerung an bestimmten Stellen, Materialien) können die Stäube auch andere Objekte/Mobilien kontaminieren, welche ursprünglich nicht mit Pestiziden behandelt worden sind.

Auf den Objektoberflächen ist mit der stärksten Belastung zu rechnen, wenn das Objekt in der Vergangenheit Ziel einer Schädlingsbekämpfung (präventiv oder kurativ) war. Hier können über Staubaufwirbelung bei Tätigkeiten oder direktem Hautkontakt die Gefahrstoffe inhalativ oder dermal aufgenommen werden.

ⓘ Staubreduzierung

Zehn einfache Regeln zur Staubreduzierung nach DGUV 2016[7]

1. Staub gar nicht erst entstehen lassen
2. Staubarme Materialien verwenden
3. Möglichst in geschlossenen Systemen/Anlagen arbeiten
4. Staub unmittelbar an der Entstehungsstelle absaugen
5. Absaugungen optimieren und regelmäßig warten
6. Arbeitsräume ausreichend lüften
7. Abfälle sofort und staubfrei beseitigen
8. Arbeitsplätze regelmäßig reinigen
9. Arbeitskleidung sauber halten
10. Bei staubintensiven Arbeiten Atemschutz benutzen

7 Gib dem Staub keine Chance! Zehn goldene Regeln zur Staubbekämpfung. VBG-Fachwissen. Hrsg. VBG – Ihre Gesetzliche Unfallversicherung, Hamburg 2016. www.dguv.de/medien/staub-info/gold/download/regeln_staub.pdf

7. Systematik der Gefährdungsbeurteilung

Grundsätzlich muss der Arbeitgeber vor Beginn der Arbeiten und in regelmäßigen Abständen die Arbeitsbedingungen und Gefährdungen bei Tätigkeiten mit kontaminierten Objekten beurteilen und bei Bedarf Maßnahmen zur Verbesserung des Gesundheitsschutzes ergreifen. Mit der Gefährdungsbeurteilung werden Ort, Umfang und Dringlichkeit der nötigen Maßnahmen systematisch ermittelt und festgelegt. Primäres Ziel ist es, die Arbeitssituation im Museum zu verbessern, um gesundheitliche Risiken durch Gefahrstoffexposition auszuschließen.

Museen, Depots, Archive und Bibliotheken stellen bei der Erstellung einer Gefährdungsbeurteilung und der Schutzmaßnahmenermittlung eine besondere Herausforderung dar. Denn die notwendigen Schutzmaßnahmen sollen nicht nur der Gesundheit der Mitarbeiter dienen, sondern auch der Erhaltung der Objekte. Um einen optimierten Personen- und Objektschutz im musealen Arbeitsbereich gewährleisten zu können, bedarf es eines vollumfänglichen Ansatzes, der auch im Sinne präventiver Konservierungsstrategien funktioniert.

Der Arbeitgeber muss die für die Gefährdungsbeurteilung nötigen Informationen beschaffen und die relevanten Gefährdungen systematisch ermitteln und bewerten *(vgl. Kap. 7.1–7.3)*. Grundlage sind üblicherweise Sicherheitsdatenblätter und Fachinformationen der Hersteller, auf die bei einer Biozidkontamination oder bei materialimmanenten Gefahrstoffen nur sehr begrenzt zurückgegriffen werden kann. Ergänzend bzw. alternativ können Informationen aus der Fachliteratur herangezogen werden.

Wichtig ist dabei eine gute Zusammenarbeit mit Arbeitsschutzspezialisten wie der Fachkraft für Arbeitssicherheit und dem Arbeitsmediziner. Gegebenenfalls ist es sinnvoll, Unterstützung durch einen fachkundigen Berater, der sich auf den musealen Bereich spezialisiert hat, heranzuziehen.

Alle im Museum vorkommenden Gefahrstoffe wie Biozide (DDT, Lindan, PCP etc.), Pigmente (Schweinfurter Grün, Zinnober, Bleiweiß etc.) oder weitere Materialien (u. a. Quecksilberspiegel, KMF, toxische Metalle), für die möglicherweise Schutzmaßnahmen erforderlich sind, müssen in einem Gefahrstoffverzeichnis nach § 6 Abs. 12 GefStoffV aufgelistet werden.[8]

Eine Hilfestellung zur anschließenden Gefährdungsbeurteilung bieten die Technischen Regeln für Gefahrstoffe. Zu nennen sind hier insbesondere die folgenden Regeln:

---

8 Liegt eine Tätigkeit mit geringer Gefährdung vor, kann auf eine detaillierte Dokumentation der Gefährdungsbeurteilung verzichtet werden, wodurch die Pflicht zur Erstellung eines Gefahrstoffverzeichnisses nach § 7 Abs. 8 GefStoffV entfällt (siehe hierzu TRGS 400, Nummer 8 Absatz 6).

Abbildung 9:
Schritte der Gefährdungsbeurteilung

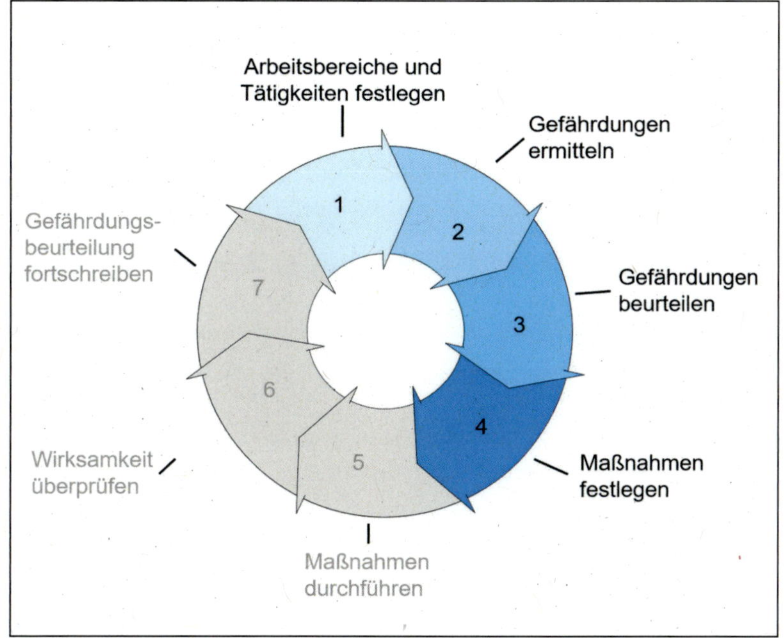

TRGS 400: »Gefährdungsbeurteilung für Tätigkeiten mit Gefahrstoffen«, TRGS 402: »Ermitteln und Beurteilen der Gefährdungen bei Tätigkeiten mit Gefahrstoffen: Inhalative Exposition«. Ergänzend sind die TRGS 900 »Arbeitsplatzgrenzwerte« und die TRGS 910 »Risikobezogenes Maßnahmenkonzept für Tätigkeiten mit krebserzeugenden Gefahrstoffen« heranzuziehen. Darüber hinaus bieten die TRGS 524 »Schutzmaßnahmen bei Tätigkeiten in kontaminierten Bereichen« sowie die dazugehörige berufsgenossenschaftliche Regel »Kontaminierte Bereiche« (DGUV-R 101-004) eine weitere Hilfestellung bei der Gefährdungsbeurteilung.

Wurden die relevanten Gefährdungen ermittelt und bewertet, werden in einem nächsten Schritt die erforderlichen technischen, organisatorischen und persönlichen Schutzmaßnahmen festgelegt *(TOP-Prinzip, vgl. Kap. 9)*. Die Wirksamkeit der Maßnahmen muss in regelmäßigen Abständen kontrolliert und ggf. angepasst werden, um die Beschäftigten effektiv und dauerhaft zu schützen. Die Dokumentation der Gefährdungsbeurteilung hat schriftlich zu erfolgen (§ 6 ArbSchG, § 6 GefStoffV) und muss für die Mitarbeiter frei zugänglich und nachvollziehbar sein. Festgehalten werden in den Unterlagen die Angaben zu den Ergebnissen der Gefährdungsbeurteilung, den erforderlichen Arbeitsschutzmaßnahmen sowie der Überprüfung der Maßnahmen.

ⓘ Gemeinsame Informationsermittlung

In der Praxis zeigt sich immer wieder, dass das Thema Schadstoffe Mitarbeiter, die unter Umständen Jahrzehnte mit kontaminierten Objekten gearbeitet haben, um ihre Gesundheit fürchten lässt. Für eine erfolgreiche Umsetzung der Gefährdungsbeurteilung ist es wichtig, alle betroffenen Mitarbeiter so früh wie möglich in den Prozess einzubinden und die Informationen und Ergebnisse transparent zu kommunizieren.
Eine bewährte Lösung ist der Zusammenschluss einer funktionellen Arbeitsgruppe aus Mitarbeitern verschiedener Abteilungen, um grundlegende Informationen für die Gefährdungsbeurteilung zusammenzutragen. Hierzu zählen z. B. schriftliche oder mündliche Überlieferungen zu Biozidbehandlungen sowie alte Rechnungsbelege mit Angaben zu Produkten bzw. Wirkstoffen und Ausbringmengen. Die Beschäftigten können damit gezielt zur Informationsermittlung beitragen und werden so frühzeitig in die Gefährdungsbeurteilung eingebunden.

7.1 Informationsermittlung

Im Vordergrund steht dabei vor allem die Frage, ob durch die berufliche Tätigkeit eine Belastung der Mitarbeiter möglich ist *(vgl. Kap. 6)* und inwieweit diese eine gesundheitliche Gefährdung darstellt *(vgl. Kap. 5)*. Im Rahmen der Gefährdungsbeurteilung werden hierzu alle Arbeitsbereiche bzw. Tätigkeiten und Gefahrstoffe erfasst.

ⓘ Praxis

Durch das Vorhandensein eines Gefahrstoffes allein entsteht noch keine Gefährdung, sondern erst im Zusammenspiel mit der durchzuführenden Tätigkeit. Konkret bedeutet dies, dass sich bei unterschiedlichen Tätigkeiten mit ein und demselben kontaminierten Objekt unterschiedliche Gefährdungen ergeben können. Um die Aufnahme von Gefahrstoffen zu minimieren, sollte prinzipiell die Aufenthaltshäufigkeit und -dauer in potenziell kontaminierten Bereichen möglichst gering gehalten werden. Unnötige Expositionen sind zu vermeiden, indem Tätigkeiten, die nicht zwingend in kontaminierten Bereichen stattfinden müssen (wie z. B. Pausen, Besprechungen, Restaurierungen etc.), in unkontaminierte Räume verlagert und belastete Objekte beispielsweise mithilfe technischer Maßnahmen isoliert werden.

7.2 Arbeitsbereiche/Tätigkeiten

Um das Kontaminationsrisiko der Beschäftigten zu minimieren, müssen alle mit den Tätigkeiten verbundenen Expositionsmöglichkeiten sowie eventuelle Verschleppungspfade hinsichtlich ihres Gefährdungspotenzials ermittelt und bewertet werden.

Im Gegensatz zu industriellen Arbeitsplätzen mit festen Prozessabläufen haben sich im musealen Bereich bislang i. d. R. kaum bzw. nur in wenigen Bereichen prozessoptimierte Abläufe durchgesetzt. Hier besteht im Rahmen der Gefährdungsbeurteilung ein großes Potenzial für eine Verbesserung des Personen- und Objektschutzes, welches zum Teil mit geringem Kostenaufwand umzusetzen ist. Dazu müssen die Arbeitsschritte im Hinblick auf die jeweilige Expositionsmöglichkeit optimiert werden.

Dies verlangt zunächst eine vollständige Erfassung und Beschreibung der hausinternen Arbeitsabläufe bzw. Tätigkeiten, bei denen der Kontakt mit Gefahrstoffen zu erwarten ist.

In der folgenden Tabelle sind die üblichen Tätigkeiten für den musealen Bereich aufgelistet. Diese sind je nach Sammlungsschwerpunkt individuell verschieden und sollen nur einen ersten Anhaltspunkt für die eigene Ausarbeitung geben.

*Abbildung 10: **Tätigkeiten in einem Museum***

Tabelle 1: ***Beispiele für gängige Tätigkeiten in einer musealen Sammlung***

	Arbeitsschritte
1	Auspacken von Objekten (nach Leihgabe/externem Transport/Neuzugang)
2	Allergenes Potenzial (sensibilisierend)
3	Demontage von Objekten
4	Einpacken von Objekten (für den externen Transport)
5	Fotodokumentation
6	In-situ-Arbeiten am Objekt
7	Nassreinigung Bodenbeläge
8	Nassreinigung Objekte
9	Notsicherung
10	Objektidentifikation
11	Öffnen von Lagerungssystemen
12	Recherchieren
13	Sortieren/Aufstellen
14	Staubarme Arbeiten an Objektlagerungssystemen
15	Stauberzeugende Arbeiten an Objektlagerungssystemen
16	Transport (nicht staubend)
17	Transport (staubend)
18	Trockenreinigung von Objektoberflächen
19	Vermessung kontaminierter Bereiche
20	Wartungsarbeiten (Sanitär & Heizungsanlage/Technische Geräte/Gebäude/ Lagerungssysteme)
21	Zustandsbegutachtung

Darüber hinaus muss eine Analyse und Bewertung möglicher Kontaminationswege im Rahmen betrieblicher Abläufe zur Durchführung von Inventarisierungs- und Reinigungsarbeiten, Ausstellungen, Leihverkehr, Dokumentation etc. erfolgen. Im Anschluss sollten die Tätigkeiten und Arbeitsbereiche hinsichtlich des erforderlichen Handlungsbedarfs eingeordnet und in Risikogruppen eingeteilt werden. Die folgende Grafik zeigt beispielhaft eine Kategorisierung der Tätigkeiten in vier Klassen, die sich aus dem Grad der Staubbelastung und dem Objektkontakt ergeben. Diese Art von Kategorisierung kann genutzt werden, um sich zu veranschaulichen, ob und in welchem Maß durch die berufliche Tätigkeit eine innere Belastung der Mitarbeiter möglich ist.

Grundsätzlich ist eine inhalative Belastung der Mitarbeiter über Gefahrstoffe in der Atemluft bei Arbeiten in kontaminierten Räumen möglich. Die Kategorien I und III ermöglichen zudem eine inhalative Belastung durch kontaminierte Stäube, während in den Kategorien I und II eine zusätzliche Gefährdung durch eine dermale Aufnahme möglich ist.

Zur Beurteilung der Gesundheitsgefahren für die durchgeführten Tätigkeiten und Personengruppen wird im Anschluss, in Anlehnung an die DGUV-R 101-004 eine Expositionsabschätzung für folgende vier Kategorien vorgenommen: kontaminiertes Material, kontaminierte Flüssigkeiten, Aerosol (Staub, Nebel) und Gase. Dabei wird das Gefährdungspotenzial in Abhängigkeit von der Exposition gegenüber dem/der Gefahrstoffe, der Expositionsdauer und der Art der Tätigkeit beurteilt.

	mit direktem Objektkontakt	**ohne** direkten Objektkontakt
staubend	I Reinigung/Abstauben Transport/Umlagerung Ein-/Auspacken Demontage	III Wartungsarbeiten (Technische Geräte/Gebäude) Bauarbeiten Umbauarbeiten (Lagerungssysteme)
nicht staubend	II Restaurierung Begutachtung Dokumentation Konservierung Fotografieren	IV Kontrollgänge Vermessung von Räumlichkeiten Besprechung

Abbildung 11: ***Gefährdungsklassen bei Tätigkeiten mit kontaminiertem Sammlungsgut***

7.3 Ermittlung von Gefahrstoffen

Damit die gesundheitliche Belastung von Arbeitnehmern erfasst und auf der Grundlage der Ergebnisse eine Gefährdungsbeurteilung erstellt werden kann, muss die Höhe der Exposition bei Tätigkeiten mit Gefahrstoffen erkundet und beurteilt werden, wobei CMR-Stoffe immer messtechnisch zu ermitteln sind (vgl. TRGS 402). Vorhergehend allerdings ist es wichtig, Überlegungen zu der Art und dem Vorkommen der Schadstoffe zu tätigen, um die Suche nach den Schadstoffen gezielter gestalten zu können.

Ausgehend von einem Verdachtsfall zu kontaminierten Objekten, führt die Übersicht *(vgl. Abb. 12)* durch die Eckpunkte einer systematischen Gefährdungsbeurteilung und Schutzmaßnahmenermittlung. Dabei werden die zwei unterschiedlichen Rechtskreise (GefStoffV/ArbstättV) mit den jeweils relevanten Beurteilungswerten[9] (RW/OW) und den heranzuziehenden Beurteilungsgegenständen verdeutlicht.

9 Die Beurteilung beruht auf einer Bewertungshierarchie: Zur gesundheitlichen Bewertung werden zunächst toxikologisch abgeleitete Richtwerte für einzelne Substanzen oder Substanzgruppen herangezogen. Im zweiten Schritt erfolgt eine vergleichende Bewertung, die sich an statistischen Werten orientiert. Dieses Vorgehen soll ein praxisnahes Verfahren bieten, das sich am aktuellen Diskussionsstand in der BRD orientieren kann. Es soll eine verbindliche und differenzierte Bewertungsvorschrift für den öffentlichen Bereich bieten und wird darüber hinaus als Empfehlung für den privaten Innenraum herangezogen. (UBA [Hg.]: Beurteilung von Innenraumluftkontamination mittels Referenz- und Richtwerten. 2007, S. 990–1005).

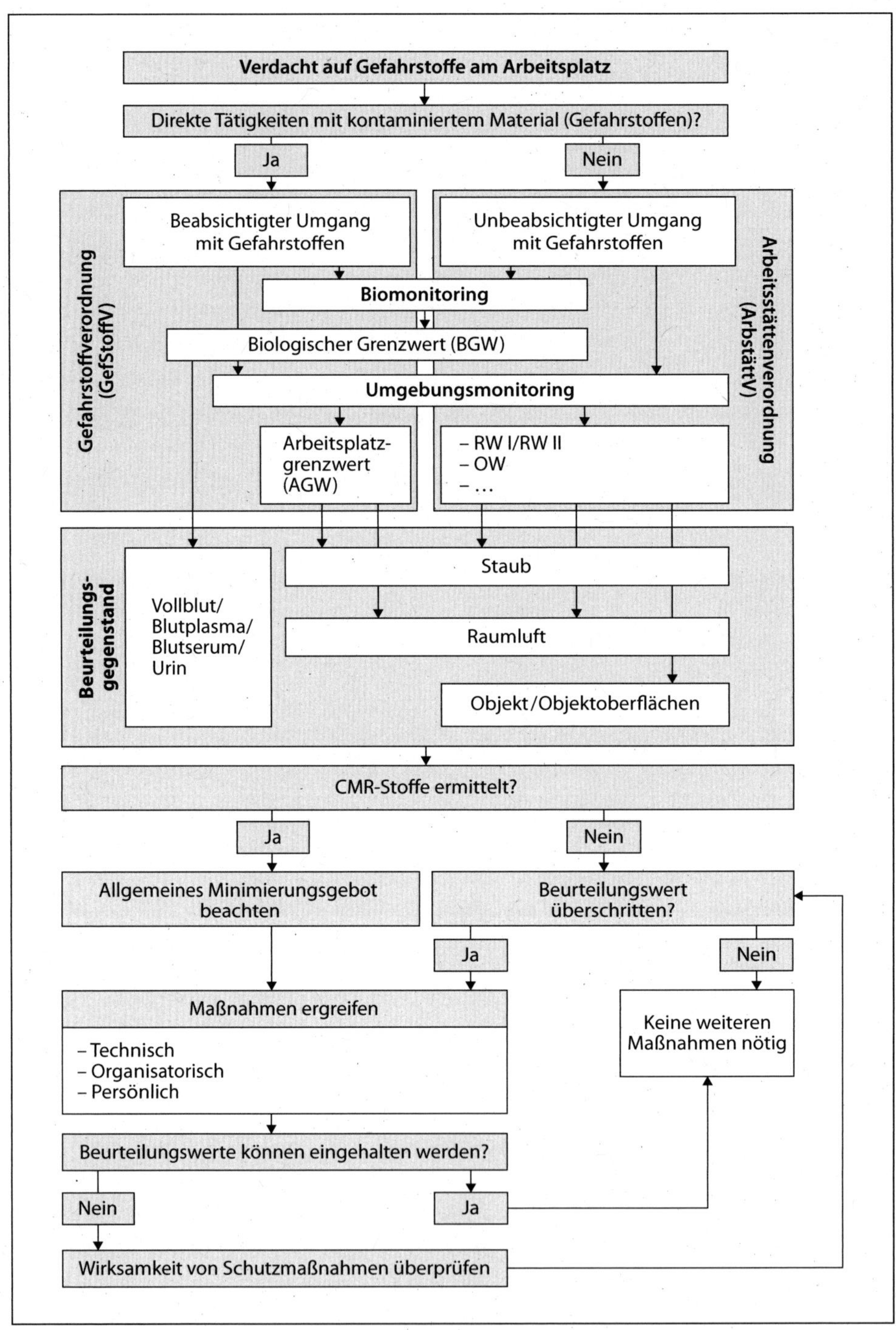

Abbildung 12: ***Übersicht zum systematischen Vorgehen bei einem Verdachtsfall mit den unterschiedlichen Rechtskreisen und deren relevanten Beurteilungswerten***

7.4 Messmethoden von Gefahrstoffen

Bei dem Kontakt mit Gefahrstoffen ist ein wichtiger Bestandteil zur Prävention die Kenntnis über die Art und den Umfang der Exposition gegenüber den möglichen Verbindungen und deren toxikologischer Bewertung. Einerseits können die Gefahrstoffe innerhalb eines Umgebungsmonitorings in den Umweltmedien (Luft, Staub, Objekte) nachgewiesen werden, andererseits ist es möglich, die Verbindungen (oder deren Abbauprodukte) im biologischen Material (Urin, Vollblut, Plasma) zu analysieren. Ein Umgebungsmonitoring sollte möglichst durch ein zertifiziertes Umweltlabor, welches sich mit den Problematiken durch kontaminierte Kunstobjekte auskennt, durchgeführt und ausgewertet werden. Ein Biomonitoring dagegen liegt im Aufgabenbereich des zuständigen Arbeitsmediziners.

Umgebungsmonitoring

Das Umgebungsmonitoring dient dazu, Art und Konzentration der vorliegenden Gefahrstoffe zu ermitteln, um eine mögliche Kontamination beurteilen zu können. Grundsätzlich können die Schadstoffe in der Luft, im Staub und im Material analysiert werden.

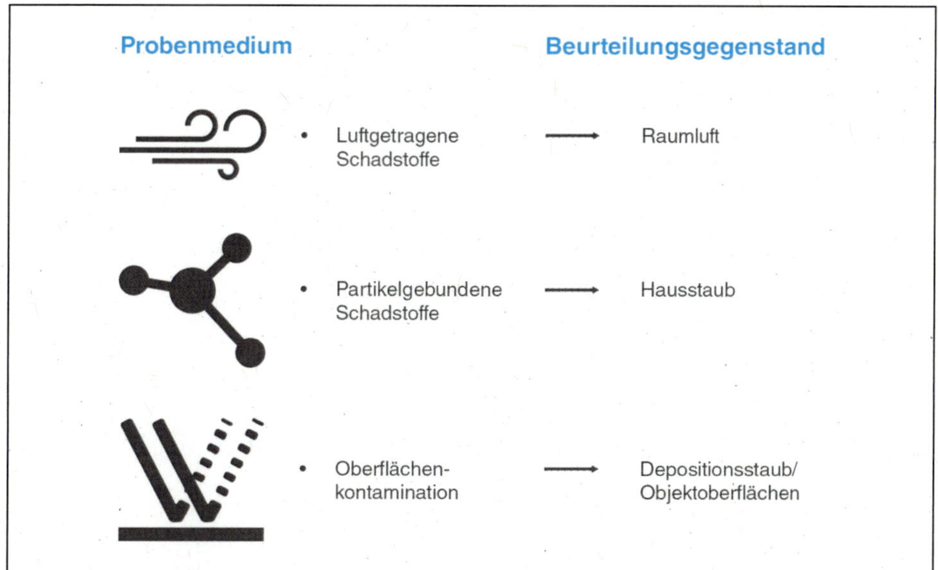

Abbildung 13: ***Probenmedium und jeweiliger Beurteilungsgegenstand zur Ermittlung einer möglichen Kontamination***

Während eines Umgebungsmonitorings wird vorrangig die Umgebungsluft, aber auch Stäube oder Materialproben untersucht. Dieses Verfahren erlaubt einen Gefahrstoffnachweis direkt an seiner Entstehungsquelle und zeigt auch, je nach verwendeter Sammelmethode, die Belastungsspitzen. Darüber hinaus ist es möglich, die Effektivität von Maßnahmen zur Verminderung einer Exposition nachzuweisen.

Vorteil eines Umgebungsmonitorings gegenüber einem Biomonitoring ist, dass auch Schadstoffe analysiert werden, die ihre krankheitserregende Wirkung direkt an der Haut entwickeln und somit nicht mit einem Biomonitoring erfasst werden können.

Grundsätzlich ist in kontaminierten Bereichen davon auszugehen, dass die qualitative und quantitative Zusammensetzung der Gefahrstoffe im zu bearbeitenden Material stark schwankt. Zum einen wurden Objekte oder ganze Sammlungsbereiche in Museen präventiv wie auch bei aktuellem Befall wiederkehrenden Behandlungen mit zum Teil unterschiedlichen Wirkstoffen unterzogen, zum anderen ist die Aufnahme der Wirkstoffe in den verschiedenen Objekten/Materialgruppen (Holz, Textil, Horn, Fell etc.) sehr verschieden. Darüber hinaus können während der Arbeiten auch Gefahrstoffe

ⓘ Exposition CMR-Stoffe

Liegen Ergebnisse und Erfahrungen aus vergleichbaren Umgebungen und bzgl. vergleichbarer Tätigkeiten vor, können diese unter Verzicht auf eigene Messungen als Grundlage für die Gefährdungsbeurteilung herangezogen werden. Bei Tätigkeiten mit CMR-Stoffen und bei verbleibender Unsicherheit über die Höhe der Exposition sind jedoch immer messtechnische Ermittlungsmethoden gemäß Anlage 3 der TRGS 402 einzusetzen.

ⓘ Praxis

Bei neuen Objekten ist auf eine lückenlose Dokumentation der Behandlung bei Präparation, Konservierung, Restaurierungen und präventiven Behandlungen zu achten, auch wenn es sich dabei um nach heutigen Erkenntnissen gefahrlose Stoffe handelt.

Abbildung 14:
Bildliche Darstellung der Art der Gefahrstoffe in den verschiedenen Medien

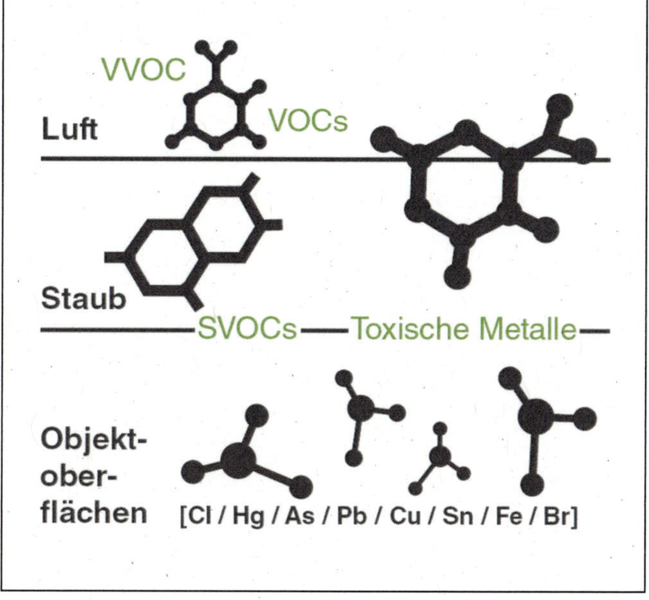

hinzukommen bzw. entstehen, die bei den vorangegangenen Ermittlungen nicht detektiert wurden *(vgl. TRGS 524 5.3)*.

Bei der Planung und Bewertung von Messungen/Analysen in kontaminierten Bereichen ist daher Folgendes zu beachten *(vgl. TRGS 524 5.3)*:

- Eine quantitative Analyse der kontaminierten Materialien (Originalsubstanz/Stäube) ermöglicht keine exakte Prognose bzgl. der in der Raumluft zu erwartenden Gefahrstoffe, sondern ergibt mit den arbeitsbereichs- und tätigkeitsbezogenen Faktoren *(vgl. Kap. 7.2)* lediglich eine qualitative Expositionsabschätzung.
- Mit den Analysen wird lediglich die Schadstoffsituation zum Zeitpunkt der Durchführung am jeweiligen Messort erfasst. Eine Prognose ist nur möglich, wenn alle Faktoren gleich bleiben.

Bei der Ermittlung der Gefährdung von Arbeitsplätzen mit unvorhersehbarer ständig wechselnder Exposition gibt daher die TRGS 402, eine für Arbeiten in kontaminierten Bereichen ergänzende Hilfestellung zur Messplanung *(siehe TRGS 402 Anlage 5 Nr. 6)*.

Die Art der Probenahme ist dabei abhängig von der Fragestellung bzw. dem Ziel der Untersuchungen. In der Praxis hat sich eine mehrstufige Ermittlung bewährt, um Aufwand und Kosten möglichst wirtschaftlich zu halten.

Untersuchung von Objektoberflächen/Material

Um Schadstoffquellen näher zu identifizieren und qualitativ sowie quantitativ zu bestimmen, können auch Materialproben verwendet werden. Die Probenahme ist jedoch materialzerstörend und der Zugewinn an Information gegenüber dem Materialverlust abzuwägen. Materialproben an kulturhistorisch wertvollen Objekten und Ausstattungen sollten nur nach Rücksprache mit den zuständigen Restauratoren genommen werden. Die Aussagekraft der Ergebnisse ist dabei abhängig von der Repräsentativität der Probe. Für den qualitativen Nachweis sollte die Probe nach Möglichkeit in dem Bereich des Objektes genommen werden, an dem die höchste Wirkstoffkonzentration zu vermuten ist.

Über den Einsatz der zerstörungsfreien portablen Röntgenfluoreszenzanalyse (p-RFA) können anhand einer elementaren Analyse die Art der Biozide auf den Objekt- und Materialoberflächen bestimmt werden. Diese Methode ermöglicht einen qualitativen und quantitativen Nachweis von toxischen Metallen (As, Hg) auf der Oberfläche der zu untersuchenden Objekte. Durch eine Chlorzählrate ist es möglich, Rückschlüsse über halogensubstituierte organische Verbindungen zu erhalten.

Die Auswertung des Schadstoffscreenings mit p-RFA kann mit mathematisch-statistischen Mitteln vorgenommen werden. Erhöhte Halogenkonzentrationen und Gehalte an toxischen Metallen geben Hinweise auf eine mögliche Kontamination durch Biozidwirkstoffe. Über die Auswertung des erhaltenen Datenmaterials ergibt sich eine Übersicht zum Status quo der Schadstoffbelastung der jeweiligen Objekte. Auf dieser Grundlage kann anschließend eine Analysenstrategie zur quantitativen Bestimmung der ausgewählten Gefahrstoffe erstellt werden.[10]

10 Bartoll, J., Unger, A., Püschner, K., & Stege, H. (2003). Micro-XRF Investigations of Chlorine Containing Wood Preservatives in Art Objects. Studies in Conservation, 48 (3): 195–202. Krug, S., and Hahn, O. (2014). Portable X-ray fluorescence analysis of pesticides in the textile collection at the German Historical Museum Berlin, Studies in Conservation 59, (6) p. 355–366.

Untersuchung von Hausstaub

Staubproben eignen sich zur ersten Charakterisierung einer möglichen Raumbelastung mit bioziden Wirkstoffen. Staub im Innenraum wirkt durch Adsorption schwer flüchtiger Verbindungen als Passivsammler. Werden erhöhte Gehalte an Bioziden vorgefunden, ist davon auszugehen, dass in den beprobten Räumen Primärquellen für diese bioziden Wirkstoffe vorhanden sind. Diese können ggf. auch zu einer Belastung der Raumluft führen.

Zur zerstörungsfreien Bestimmung der Einzelstoffverbindungen können Stäube mittels eines genormten Verfahrens gesammelt und ausgewertet werden. Unterschieden wird zwischen Frisch- und Altstaub. Der Frischstaub wird in der Regel auf einer Fläche von einem Quadratmeter nach einem definierten Zeitpunkt (meistens sieben Tage) gesammelt und ausgewertet. Im musealen Bereich hat sich die Verwendung von Altstaubproben bewährt, die von den Böden und Lagerungssystemen mittels eines Staubsaugers entnommen werden. Eine Ermittlung der genauen Schadstoffquelle mit dieser Art der Probenahme ist nicht möglich, da die Schadstoffe im Staub aus verschiedenen Quellen stammen können.

Untersuchung von Feinstaub

Hilfreich für die Erkennung der luftgetragenen Staubbelastung sind Partikelzählmessgeräte. Diese Geräte erlauben Rückschlüsse auf die Staubgrößenverteilung bzw. deren Immission und können aufzeigen, bei welchen Tätigkeiten mit einer erhöhten Staubbelastung zu rechnen ist. Anhand der Angaben über die Staubgrößenverteilung können die vorhandenen Stäube in A- oder E-Stäube eingeteilt werden. Wird während der Messung ein Protokoll mitgeschrieben, geben die Daten anschließend ein genaues Bild der Staubexposition.

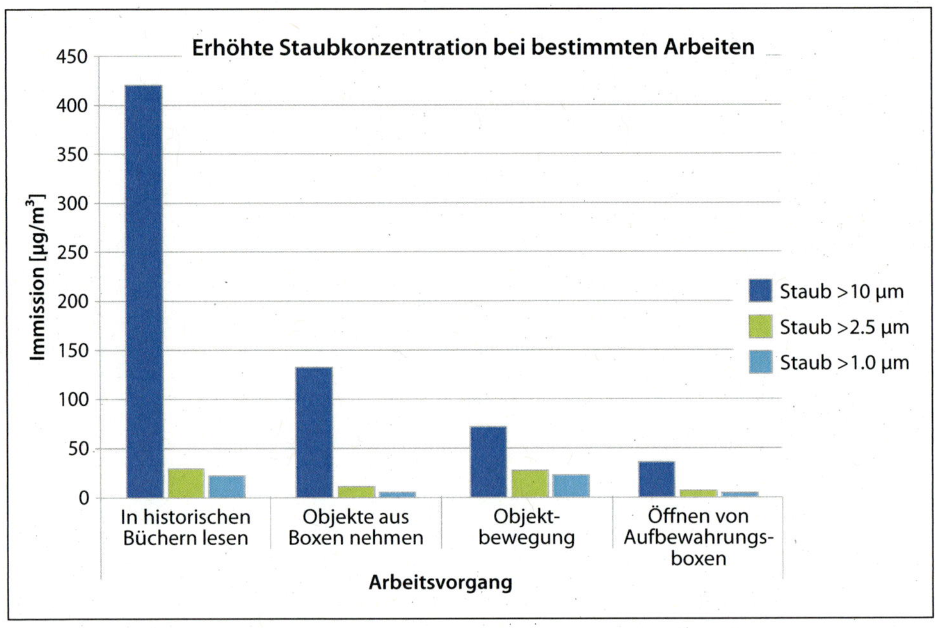

Abbildung 15: ***Staubimmission bei bestimmten Tätigkeiten des musealen Alltags***

Untersuchung der Luftbelastung

Zur Ermittlung und Beurteilung einer inhalativen Exposition wird die Luftbelastung am Arbeitsplatz analysiert. Die Probenahmen von Luftmessungen werden in Aktiv- und Passivmessungen unterschieden, wobei Arbeitsplatzmessungen immer Aktivmessungen sind. Diese haben vorgegebenen Kriterien zu entsprechen *(vgl. TRGS 402)* und sind, um Rechtssicherheit zu bieten, von akkreditierten Laboratorien durchzuführen. Bei einer Aktivmessung wird ein bestimmtes Luftvolumen mithilfe einer Pumpe kontinuierlich über ein Sammelmedium geführt, auf dem sich die in der Luft befindlichen Gefahrstoffe anreichern können. Anschließend wird das Sammelmedium in einem Labor ausgewertet. Vorteil dieser Methode ist die Möglichkeit, sogenannte Worst-Case-Szenarien abzubilden und/oder Belastungsspitzen erkennen zu können.

Bei Passivmessungen werden die Gefahrstoffe auf ein Adsorbermedium über einen längeren definierten Zeitraum gesammelt und anschließend in einem Labor ausgewertet. Diese Langzeitmessung liefert im Gegensatz zur Kurzzeitmessung (Aktivmessung) eine gemittelte Konzentration über einen Zeitraum von Stunden und Tagen. Dabei werden jedoch die Schwankungen des Konzentrationsverlaufes nicht gezeigt, und es können wichtige Informationen für eine Beurteilung des Gefährdungspotenzials verloren gehen.

Human-Biomonitoring

Bei einem Biomonitoring werden biologische Materialien (vorzugsweise Urin oder Blut) untersucht, um eine – womöglich gesundheitsschädliche – Exposition zu erkennen. Das Biomonitoring ist als Ergänzung bzw. Erweiterung des Umgebungsmonitorings zu verstehen. Die Ergebnisse werden anschließend mit wissenschaftlich begründeten Grenzwerten, Referenzwerten oder politisch akzeptierten Risikogrenzwerten verglichen, um die Risiken für die Gesundheit einschätzen zu können. Als nachteilig benannt werden muss, dass ein Biomonitoring nicht für chemisch-irritative Stoffe geeignet ist, welche nur an Haut und Schleimhäuten wirken. Ein Human-Biomonitoring ist dann erst sinnvoll, wenn eine Beurteilung anhand von wissenschaftlich begründeten Grenzwerten, Referenzwerten oder politisch akzeptierten Risikogrenzwerten möglich ist. Nicht für alle Substanzen gibt es auch anerkannte Verfahren und Beurteilungswerte, jedoch kann ein Human-Biomonitoring auch ohne Beurteilungswerte gute Rückschlüsse auf eine innere Belastung erlauben.

ⓘ Auskunftssystem Biomonitoring

Eine gute Übersicht bietet das frei zugängliche Biomonitoring-Auskunftssystem der Bundesanstalt für Arbeitsschutz und Arbeitsmedizin:
BAuA, www.baua.de/biomonitoring

8. Gefährdungsbeurteilung im musealen Bereich – konkret

Die sogenannte Gefährdungsbeurteilung ist für den Arbeitgeber eines der wichtigsten Instrumente, um die Sicherheit und die Gesundheit der Beschäftigten bei der Arbeit sicherzustellen und zu verbessern.

In Museen, Depots, Archiven und Bibliotheken wird i. d. R. nicht mit Gefahrstoffen gearbeitet, sondern mit Objekten, die mit Gefahrstoffen (z. B. Arsen, Quecksilber, PCP) behandelt wurden und als kontaminiert bezeichnet werden. Die Exposition der betroffenen Personen erfolgt nicht nur über die Raumluft (inhalativ), sondern auch durch Kontakt mit den kontaminierten Objektoberflächen sowie sekundär belasteten Materialien und angereicherten Stäuben (dermal/inhalativ).

Die Ableitung von Schutzmaßnahmen bei der Arbeit ist im Wesentlichen abhängig von der Art und Konzentration der Gefahrstoffe am Arbeitsplatz und der Expositionsdauer bei der jeweiligen Tätigkeit.

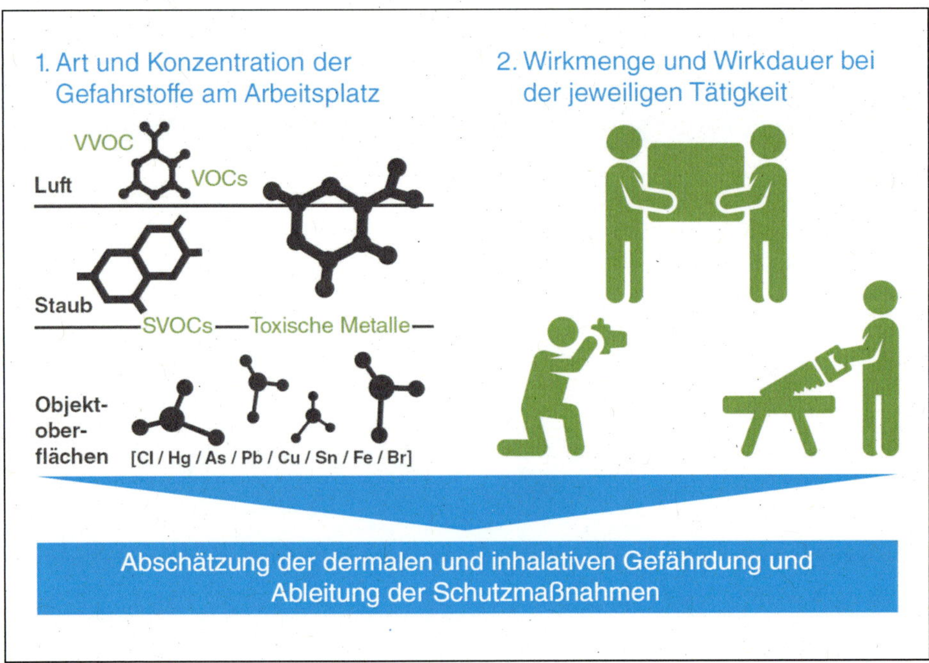

Abbildung 16: ***Die Ableitung von Schutzmaßnahmen ist abhängig von der Art und Konzentration der Gefahrstoffe (links) und der Expositionsdauer (rechts)***

ⓘ Rechtliche Grundlage zur Bewertung kontaminierter Objekte

Für den musealen Bereich relevant sind auf der einen Seite das Arbeitsstättenrecht sowie auf der anderen Seite das Gefahrstoffrecht. Das Arbeitsstättenrecht spricht dem Mitarbeitenden eine gesundheitlich zuträgliche Atemluft am Arbeitsplatz zu und geht hierbei von einem unbeabsichtigten Umgang mit Gefahrstoffen aus (ArbStättV § 3, Anhang 3.6), wobei für die qualitative Bewertung »Innenraumwerte« (Innenraumrichtwerte, Orientierungswerte) herangezogen werden. Für den beabsichtigten Umgang mit Gefahrstoffen gelten hingegen andere Werte (z. B. die Arbeitsplatzgrenzwerte AGW), wobei rechtsformal alle Tätigkeiten mit Gefahrstoffen durch die Gefahrstoffverordnung (GefStoffV) geregelt werden.

Über eine Analyse der Arbeitsplatzsituation unter Berücksichtigung des Tätigkeitsprofils der Mitarbeiter (Restauratoren, wissenschaftliches Personal, Wachpersonal, Reinigungskräfte, Betriebsdienst) und der Aufenthaltsdauer der exponierten Personen in den betroffenen Arbeitsbereichen kann eine Gefährdungsbeurteilung mit definierten Gefährdungsmerkmalen erstellt werden.

Die Schadstoffexposition am Arbeitsplatz wird dabei unter Berücksichtigung der Schadstoffkonzentration bei der jeweiligen Tätigkeit beurteilt. Grundsätzlich sind für die Beurteilung zwei verschiedene Rechtskreise zu berücksichtigen *(siehe hierzu Abb. 12)*. Während der Umgang mit kontaminierten Objekten einer Tätigkeit mit Gefahrstoffen (gem. GefStoffV) gleichzusetzen ist, werden Tätigkeiten in kontaminierten Räumen, die ohne direkten Objektkontakt erfolgen, wie solche an klassischen Innenraumarbeitsplätzen (gem. ArbStättV) beurteilt. Sie unterliegen damit gesonderten Bewertungskriterien (gem. ArbStättV § 3, Anhang 3.6).[11]

Tätigkeiten mit Gefahrstoffen, zu denen der Umgang mit kontaminiertem Sammlungsgut zählt, unterliegen den Bestimmungen des Gefahrstoffrechts. Demzufolge hat der Arbeitgeber vor Aufnahme dieser Tätigkeiten mögliche Gefährdungen (Gesundheitsgefahren, Brand- und Explosionsgefahren) zu beurteilen und entsprechende Schutzmaßnahmen zu treffen. Brand- und Explosionsgefahren gehen von kontaminiertem Sammlungsgut i. d. R. nicht aus und werden im Folgenden nicht berücksichtigt.

11 Spiegel, E., B. Paz & W. Maraun, Wenn Museumsobjekte gefährlich werden. ICOM Mitteilungen, 2016. 38: p. 48–49.

Die Gefährdungsbeurteilung lässt sich in sechs Abschnitte unterteilen. Die unter jedem Abschnitt aufgeführten Kernfragen erleichtern die Erarbeitung der Gefährdungsbeurteilung.

1. Ermittlung der arbeitsbereichs- und tätigkeitsbedingten Faktoren der Exposition

- Welche Arbeitsbereiche sind potenziell belastet?
- Welche Tätigkeiten werden mit den Stoffen ausgeführt?
- Bei welchen Tätigkeiten können Schadstoffe entstehen?
- Welchen Einfluss haben die Arbeitsverfahren und Arbeitsbereichsbedingungen auf die Exposition der Betroffenen?

2. Ermitteln der Gefahrstoffe (Art und Menge)

Historische Erkundung

- Welche Schadstoffe sind in meiner Sammlung zu erwarten?
- Gibt es Objekte/Materialgruppen in der Sammlung, die herstellungsbedingt Gefahrstoffe enthalten?
- Gibt es mündliche oder schriftliche Überlieferungen zu Gefahrstoffen in/auf Objekten oder Raumhüllen?

Analytische Ermittlung

- Mit welchen Analysemethoden lassen sich diese Schadstoffe ermitteln?
- Was sind die expositionsrelevanten Medien (Raumluft/Staub/Objekt), in denen ich die Schadstoffe analysieren muss?

3. Ermitteln der Mobilitätseigenschaften und der stofflichen Gefahren nach TRGS 524

Welche Eigenschaften machen diese Stoffe gefährlich?

- physikalisch-chemische Eigenschaften (explosionsgefährlich, brandfördernd, entzündlich)
- toxische Eigenschaften (giftig, gesundheitsschädlich, ätzend, reizend, sensibilisierend etc.)
- spezifische Gesundheitsschäden (krebserzeugend, erbgutverändernd, fortpflanzungsgefährdend)
- Welcher Aggregatzustand bzw. welche Erscheinungsform (z. B. partikelgebunden oder gasförmig) ist bei den Umgebungsbedingungen zu erwarten?

4. Qualitative Expositionsabschätzung

- Bei welcher Tätigkeit sind Emissionen (hoch vs. niedrig) zu erwarten?
- Wie hoch/niedrig ist die Exposition für den jeweiligen Mitarbeiter bei der Tätigkeit?

5. Gefährdungsbeurteilung

- Wie hoch/niedrig ist die Gefährdung des Mitarbeiters durch die ermittelten Stoffeigenschaften bei der jeweiligen Tätigkeit?

6. Schutzmaßnahmen

- Welche Schutzmaßnahmen sind bei welcher Tätigkeit zu ergreifen (TOP-Prinzip, Reihenfolge der zu ergreifenden Schutzmaßnahmen)?
  - **T**echnische Schutzmaßnahmen
  - **O**rganisatorische Schutzmaßnahmen
  - **P**ersönliche Schutzmaßnahmen

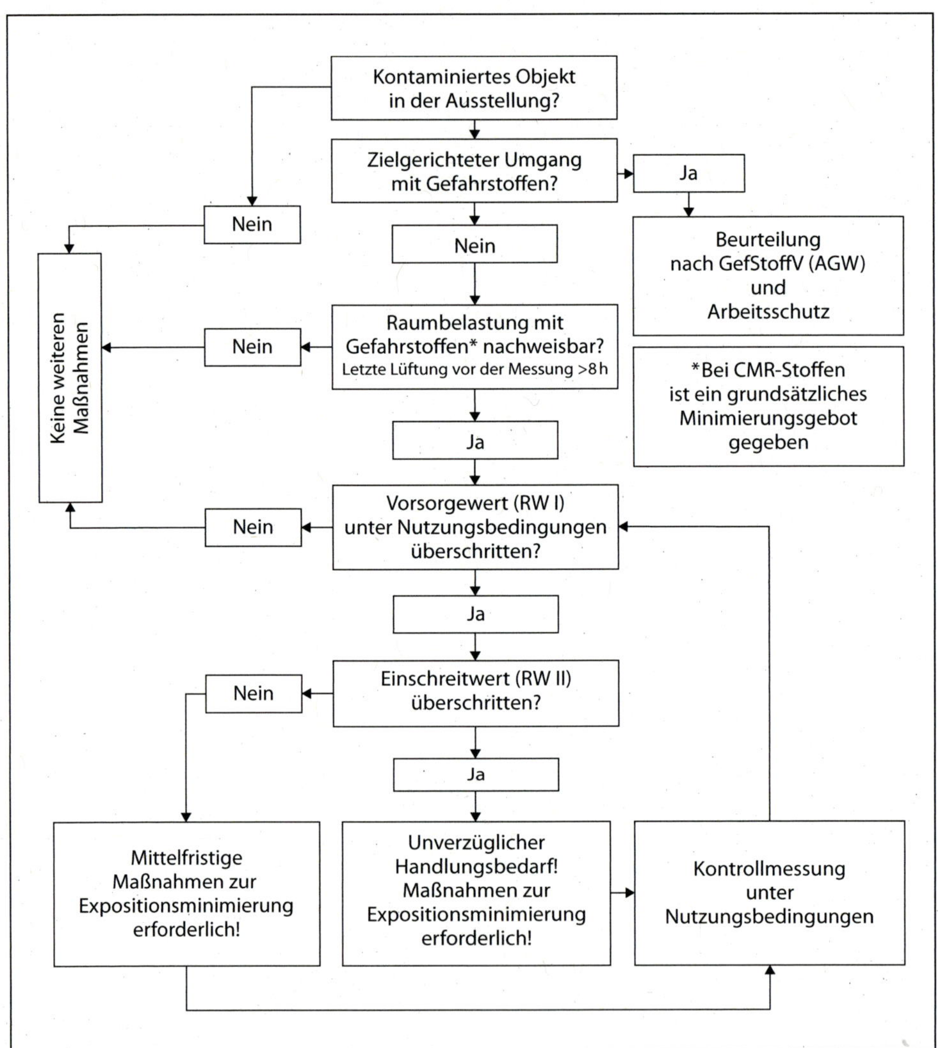

Abbildung 17: ***Beurteilung von Gefahrstoffen in Ausstellungsräumen und an Arbeitsplätzen innerhalb des Gebäude- und Ausstellungsbereiches***

Beurteilung von Gefahrstoffen in Ausstellungsräumen und an Arbeitsplätzen innerhalb des Gebäude- und Ausstellungsbereiches

Die Praxis zeigt, dass mit der Zunahme der Sensibilisierung gegenüber der Schadstoffproblematik auch vermehrt Fragen über eine mögliche gesundheitliche Belastung von Personen ohne direkten Objektkontakt (z. B. Museumsbesucher, Aufsichts- und Reinigungspersonal) durch kontaminierte Ausstellungsobjekte oder ausgasende Baumaterialien aufkommen. Zur Beantwortung empfiehlt sich nachkommend vorgestellter Vorgang, der zur Vereinfachung auch als Flussdiagramm dargestellt ist *(vgl. Abb. 12)*.

Generell gelten die Ausstellungsräume in Museen für die Bediensteten als Innenraumarbeitsplätze ohne zielgerichtete Tätigkeiten mit Gefahrstoffen. Für Letzteres gelten grundsätzlich die Vorgaben der Gefahrstoffverordnung und des Arbeitsschutzrechtes. Der Beurteilungsmaßstab wechselt, sobald direkte Arbeiten unmittelbar an kontaminierten Objekten notwendig werden. Diese Arbeiten können direkt vor Ort im Ausstellungsraum oder aber auch in einem separaten Raum, wenn die Ausstellungsstücke beispielsweise für Restaurierungsarbeiten vorübergehend dorthin verfrachtet werden, durchgeführt werden.

Bei Arbeiten in einem separaten Raum gelten die Vorgaben des Gefahrstoffrechts und es sind entsprechende Schutzvorkehrungen für die Beschäftigten zu treffen. Besucherverkehr ist dort ausgeschlossen. Bei Reinigung vor Ort im Ausstellungs- und Besucherbereich gelten die Schutzvorgaben für die Beschäftigten. Bei diesem zielgerichteten Umgang (Tätigkeit) mit kontaminierten Objekten in den Ausstellungsräumen ist eine Beurteilung nach der Gefahrstoffverordnung (GefStoffV) und den ihr beigeordneten Arbeitsplatzgrenzwerten (AGW) erforderlich.

Sollten Besucher während der Reinigungsarbeiten von eventuell dabei frei werdenden Stoffen beeinträchtigt werden, gelten für sie jedoch die Vorgaben wie in jeder Wohnung. Solange keine direkten Arbeiten an den kontaminierten Objekten notwendig sind, wird eine mögliche Innenraumluftbelastung durch Schadstoffe in den Ausstellungsräumen wie eine Wohnraumbelastung betrachtet. Als Beurteilungswerte werden daher die Innenraumluft-Richtwerte (RW) herangezogen, welche vom Ausschuss für Innenraumrichtwerte (AIR) (vormals Ad-hoc-Arbeitsgruppe IRK/AOLG) des Umweltbundesamtes erarbeitet werden.

Zur Beurteilung der Innenraumluft werden im Allgemeinen zwei Richtwerte verwendet. Der Richtwert I (RW I) ist ein Vorsorgewert (Sanierungszielwert), bei dessen Unterschreitung nach gegenwärtigem Erkenntnisstand keine Gesundheitsgefahr von den Stoffen ausgeht – auch dann nicht, wenn die Personen dem Schadstoff oder den Stoffen in diesem Konzentrationsbereich ein Leben lang ausgesetzt sind. Grundsätzlich sollte der RW I als Zielwert (Sanierungsziel) herangezogen werden, der nach Möglichkeit zu unterschreiten ist. Der Richtwert II (RW II) ist ein hygienisch-toxikologisch abgeleiteter Richtwert, bei dessen Überschreiten unmittelbarer Handlungsbedarf besteht (Eingreif- oder Gefahrenwert) (Bekanntmachung des Umweltbundesamtes, 2014).[12] Für weitere ausführlichere Informationen zu den RWs wird auf die Homepage des Umweltbundesamtes/Ausschuss für Innenraumrichtwerte verwiesen.

Bei einem Verdacht über eine Raumluftbelastung mit Gefahrstoffen im musealen Ausstellungsbereich (Besucherbereich) empfiehlt sich zunächst eine Worst-Case-Messung ohne Lüftung (letzte Lüftung >8 h). Hierzu werden Lüftungsanlagen über Nacht abgeschaltet oder, bei Fensterlüftung, die Fenster über Nacht geschlossen. Wird unter diesen Bedingungen eine Einhaltung des Beurteilungswertes (RW/AGW) nachgewiesen, so kann auch davon ausgegangen werden, dass unter üblichen Bedingungen der Beurteilungswert eingehalten wird.

Zeigen die Analysenergebnisse eine Überschreitung des RW II, sollte zudem eine Messung unter Nutzungsbedingungen stattfinden (d. h. bei normalem Besucherverkehr sowie mit normalem Betrieb der Lüftungsanlage bzw. bei Fensterlüftung normal üblichem Öffnen und Schließen).

Wird auch unter Nutzungsbedingungen der RW II (Einzelwerte, bei VOC auch Gesamt-TVOC) überschritten und befindet sich zusätzlich in dem Raum ein ständiger Innenraumarbeitsplatz (z. B. Museumsaufsicht), müssen sofortige Minderungsmaßnahmen her. Liegen die Werte zwischen RW I und RW II, empfehlen sich aus Vorsorgegründen mittelfristige Maßnahmen[13] zur Expositionsminimierung. Bei Überschreitung des RW II besteht unverzüglicher Handlungsbedarf zur Expositionsminimierung und zum Schutz der dort arbeitenden Person wie auch der Besucher.

---

12 Bekanntmachung des Umweltbundesamtes (2014). Ermittlung und Beurteilung chemischer Verunreinigungen der Luft von Innenraumarbeitsplätzen (ohne Tätigkeit mit Gefahrstoffen) (Identification and assessment of chemical pollutants in the air of indoor workplaces [without activity with hazardous substances]). Bundesgesundheitsblatt-Gesundheitsforschung-Gesundheitsschutz, 57(8), 1002–1018.

13 Mittelfristige Maßnahmen müssen innerhalb der nächsten 12 Monate getätigt werden. Eine erhöhte Belastung über einen Zeitraum von 12 Monaten ist aus Gründen der Gesundheitsvorsorge nicht akzeptabel.

Eine die Gesundheit nachhaltig beeinträchtigende Exposition für Besucher ist nach Aussage des Umweltbundesamtes (UBA)[14] bei der in der Regel kurzen Verweildauer eines Museumsbesuchers auch bei einer geringen Überschreitung des RW II nicht zu erwarten. Dennoch sind auch dann emissionsmindernde Maßnahmen unmittelbar zu ergreifen. Im Sinne der langfristigen Gesundheitsvorsorge wird grundsätzlich auch hier empfohlen, den Bereich von RW I zu erreichen. Sobald CMR-Stoffe vorliegen, ist zusätzlich ein generelles Minimierungsgebot gegeben.

14 Freundliche schriftliche Mitteilung durch Herrn Dr. Heinz-Jörn Moriske (Direktor und Professor im UBA) vom 12.07.2018.

ⓘ Praxis

Häufig stellt sich die Frage, ob kontaminierte Objekte in den Ausstellungsräumen in luftdichte Vitrinen gestellt werden müssen. Ist das Objekt stabil genug für eine offene Ausstellung, spielt die Art der Gefahrstoffe eine große Rolle. Je nachdem, mit welchen Gefahrstoffen ein Objekt belastet ist, können die Objekte gasförmige Stoffe in die Raumluft abgeben oder solche, die sich an Staub (Umgebungsluft/Sedimentationsstaub) anhaften. Die toxischen Metalle (Quecksilber ausgenommen) sowie die Organochlor-Biozide liegen überwiegend auf der Objektoberfläche und lagern sich im abgesetzten Staub an, sodass enge Reinigungs- und Lüftungsintervalle sowie ein Berührungsverbot ausreichenden Schutz bieten. Sind Emissionen, gleich welcher Art, zu erwarten, empfiehlt das Umweltbundesamt (UBA) grundsätzlich eine Ausstellung in Vitrinen.[15]

15 Freundliche schriftliche Mitteilung durch Herrn Dr. Heinz-Jörn Moriske (Direktor und Professor im UBA) vom 12.07.2018.

9. Ergebnis Gefährdungsbeurteilung/Maßnahmen

Die dermale Aufnahme lipophiler Wirkstoffe (fettliebender, hautgängiger Gefahrstoffe) birgt bei ungeschütztem Hautkontakt mit kontaminierten Materialien und Objekten im musealen Bereich ein erhöhtes Gefährdungspotenzial. Bei unterschiedlichen Untersuchungen konnte darüber hinaus festgestellt werden, dass die Belastung durch kontaminierte Stäube in Museen im Vergleich zu anderen Innenräumen deutlich erhöht ist. Daher beinhalten Tätigkeiten, die mit einer erhöhten Staubbelastung verbunden sind, ein gesteigertes Risiko der inhalativen Aufnahme von staubgebundenen Gefahrstoffen. Eine erhöhte inhalative Gefährdung durch schwerflüchtige Gefahrstoffe, zu

*Tabelle 2: **Das Risikokonzept für krebserzeugende Stoffe des AGS (Quelle: AGS 2012)***

Maßnahme	Niedriges Risiko	Mittleres Risiko	Hohes Risiko
Administrative Behörde		Anzeige (wenn Voraussetzung gegeben) Maßnahmenplan	(Anzeige) Maßnahmenplan, Verbot, Genehmigung mit Auflage*
Technische Maßnahmen	Räumliche Abtrennung (Expositionsminimierung)	Technische Maßnahmen, räumliche Abtrennung, Expositionsminimierung	Technische Maßnahmen, räumliche Abtrennung, Expositionsminimierung
Organisatorische Maßnahmen	Hygienemaßnahmen Betriebsanweisung, Unterweisung, Schulung Risikokommunikation		
	Optimierung bzw.	Minimierung der Expositionsdauer und Anzahl der Exponierten	
Arbeitsmedizinische Untersuchung	Angebot	Pflicht*	Pflicht*
Substitution	Wenn verhältnismäßig	Im Rahmen der Verhältnismäßigkeit verpflichtend	Zwingend, wenn möglich

* Diese Empfehlung des AGS ist rechtlich nicht verankert und löst aus sich heraus keine rechtliche Verpflichtung aus.

denen die meisten Biozidwirkstoffe zählen, ist nachrangig zu bewerten, da vorhandene Arbeitsplatzgrenzwerte (AGW) hier oft eingehalten werden.

Grundsätzlich ist die dermale und inhalative Aufnahme von Gefahrstoffen abhängig von der jeweils ausgeübten Tätigkeit *(vgl. Kap. 7.2)*, dabei ist davon auszugehen, dass diese umso geringer ist, je besser bzw. gewissenhafter die geforderten Arbeitsschutzmaßnahmen eingehalten werden.

Hilfreich, wenn auch bislang nicht rechtsverbindlich ist hierbei das Risikokonzept für krebserzeugende Gefahrstoffe des Ausschusses für Gefahrstoffe (AGS). Das Risikokonzept ist als »Bekanntmachung zu Gefahrstoffen BekGS 910 ›Risikowerte und Exposition-Risiko-Beziehungen für Tätigkeiten mit krebserzeugenden Gefahrstoffen‹« und über die TRGS 400 in das Regelwerk zur Gefahrstoffverordnung eingeführt worden und kann im Rahmen der Gefährdungsbeurteilung in der Praxis angewendet werden. Nach dem abgestuften Maßnahmenkonzept ergeben sich die Notwendigkeit und Dringlichkeit von Schutzmaßnahmen erst aus der Expositionsmöglichkeit, der die Beschäftigten am Arbeitsplatz ausgesetzt sind. Das abgestufte Maßnahmenkonzept gliedert sich in 19 Einzelmaßnahmen, die in fünf Kategorien (Administration, Technik, Organisation, Arbeitsmedizin und Substitution) eingeordnet sind. Grundsätzlich gilt der Leitsatz: Je höher das Risiko, desto höher sind auch die Anforderungen für die erforderlichen Maßnahmen. Dabei hängt die Verbindlichkeit der einzelnen Maßnahmen vom jeweiligen Risikobereich ab. Demnach wäre Atemschutz bei Tätigkeiten mit einatembaren krebserzeugenden Stoffen bei hohen Risiken Pflicht, im Bereich mittlerer Risiken bei kurzen Belastungsüberschreitungen vorzuschreiben und im Übrigen zumindest anzubieten (persönliche Entscheidung der Beschäftigten), im grünen Bereich bei niedrigen Risiken aber nicht vorzuschreiben und nicht anzubieten (AGS 2012).

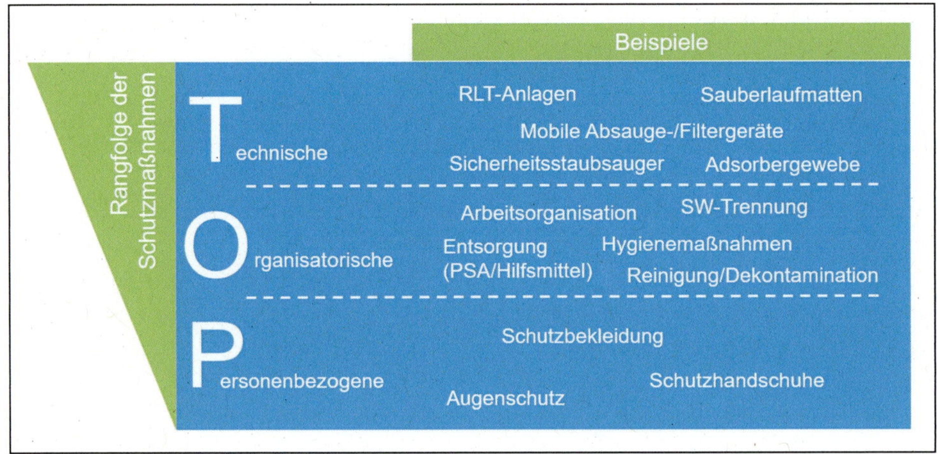

Abbildung 18: ***Rangfolgen der Schutzmaßnahmen nach dem TOP-Prinzip mit Beispielen***

Schutzmaßnahmen bei Arbeiten mit kontaminierten Objekten

Bei Tätigkeiten mit Gefahrstoffen sind immer Schutzmaßnahmen nach TRGS 500 erforderlich. Im Folgenden sind beispielhaft Maßnahmen aufgelistet, die in Bezug auf kontaminierte Objekte relevant sind:

Prinzipiell wird gefordert, dass zur Reduzierung der Gefährdung der *Stand der Technik*[16] einzuhalten ist. Weiter erforderlich ist eine gute Arbeitspraxis im gesamten Arbeitsbereich. Dies umfasst ein Ausschließen sämtlicher Emissionsquellen im Arbeitsbereich, regelmäßige Wartungen bzw. Reinigung der Arbeitsmittel/des Arbeitsplatzes und dass die Schutzausrüstung den hygienischen Anforderungen entspricht.

Die Rangfolgen der erforderlichen Schutzmaßnahmen folgen dem sogenannten TOP-Prinzip *(vgl. auch Kap. 11)*. Das TOP-Prinzip sieht eine Rangfolge der zu tätigenden Schutzmaßnahmen nach technischen, organisatorischen und persönlichen Schutzmaßnahmen vor. Erst wenn die technischen Schutzmaßnahmen ausgeschöpft sind und weiterhin eine Gefährdung der Mitarbeiter besteht oder vermutet wird, folgen die organisatorischen Maßnahmen. Nur wenn die vorherigen Maßnahmen nicht greifen bzw. anwendbar sind, ist eine persönliche Schutzausrüstung (PSA) notwendig.

16 Der Begriff »Stand der Technik« nach ArbSchG gilt als ein unbestimmter Rechtsbegriff für fortschrittliche Verfahren zum Arbeitnehmerschutz.

9.1 Technische Schutzmaßnahmen

Bei Tätigkeiten mit Gefahrstoffen müssen geeignete Arbeitsmittel, -verfahren und -methoden bereitgestellt werden. Dabei geben die technischen und berufsgenossenschaftlichen Regelwerke (TRGS/BGR) sowie die Hersteller der Arbeitsmittel an, unter welchen Bedingungen und für welche Tätigkeiten die Arbeitsmittel verwendet werden dürfen. Eine anderweitige Verwendung liegt in der Verantwortung des Arbeitgebers. Als hilfreiche technische Schutzmaßnahmen sind folgende Maßnahmen zu empfehlen:

Raumlufttechnische Anlagen (RLT-Anlagen)
Mit einer fachgerecht eingebauten RLT-Anlage kann die Schadstoffkonzentration in der Atemluft erheblich reduziert werden. Dabei wird die kontaminierte Luft durch filtergereinigte Außenluft ersetzt, wobei Schadgase und Partikel abtransportiert werden. Sollte eine RLT-Anlage aus baulichen Gründen nicht möglich sein, ist der Einsatz von mobilen Luftreinigungsgeräten zu empfehlen. Allgemein stellen diese eine sinnvolle Ergänzung zur Optimierung der klimatechnischen Anlagen dar.

Mobile Absauganlagen/Filteranlagen
Bei Tätigkeiten mit erhöhter Staubbelastung/Gefahrstoffgenerierung werden zur Aufnahme von Stäuben und Gasen mobile Absaug- und Filtergeräte empfohlen. Als Grundausrüstung des Gerätes sollten ein HEPA-Filter und eine Aktivkohlekassette vorhanden sein. Diese kann bei Bedarf an die spezifische Gefahrstoffsituation angepasst werden. Hilfe bei der richtigen Wahl der Filtermedien geben die Hersteller.

Abbildung 19:
Sicherheitsstaubsauger mit Feinfiltertechnik der Staubklasse H

Sicherheitsstaubsauger

Zur Trockenreinigung von Objekten müssen Staubsauger mit spezieller Feinfiltertechnik verwendet werden. Geeignet sind Geräte der Staubklasse H, der Durchlassgrad des Gesamtsystems darf max. 0,005 % betragen. Der Wechsel des Filterbeutels muss staubfrei möglich sein. Die Trockenreinigung eignet sich grundsätzlich für alle Objektarten, sofern die Stabilität des Artefaktes der mechanischen Belastung standhält.

Adsorbergewebe

Eine weitere Möglichkeit der Schadstoffminimierung stellen sogenannte sphärische Hochleistungsadsorbentien dar. Die Adsorbertextilien können verwendet werden, um belastete Objekte abzudecken bzw. einzupacken und damit ein »Ausgasen« der Objekte zu minimieren bzw. zu verhindern. Die kugelförmigen Adsorbentien zeichnen sich durch eine extrem große innere Oberfläche und damit eine hohe Aufnahmekapazität für Schadstoffe aus. Die hohe Aufnahmekapazität der Adsorbentien sichert nach Herstellerangaben eine Absorption über einen sehr langen Zeitraum.

Sauberlaufmatten

Mithilfe von Sauberlaufmatten kann eine Verschleppung von Gefahrstoffen in nicht kontaminierte Bereiche vermindert werden. Partikel und Stäube bleiben an der Oberfläche der selbstklebenden Folien haften und werden somit nicht weitergetragen.

9.2 Organisatorische Schutzmaßnahmen

Schwarz-Weiß-Bereiche (SW-Bereich)

Um sekundäre Kontaminationen bzw. eine Schadstoffverschleppung von belastetem Material (Stäuben) zu vermeiden, ist die Einrichtung von sogenannten Schwarz-Weiß-Bereichen erforderlich. Der Übergang vom belasteten Schwarz-Bereich zum unbelasteten Weiß-Bereich erfolgt dabei durch eine SW-Anlage (Schleuse), die den örtlichen Verhältnissen funktionsgerecht anzupassen ist.

Arbeitsplatzgestaltung

Zu den organisatorischen Schutzmaßnahmen gehört auch die Gestaltung des Arbeitsplatzes. Vor allem die Verwendung von leicht zu reinigenden Oberflächen und die Vermeidung von Staubablagerungsmöglichkeiten (Vermeidung strukturierter Oberflächen, Nischen, Winkel etc.) können zu einer Verringerung der Schadstoffbelastung beitragen.

Arbeitsorganisation

Zur Verringerung der Exposition mit Gefahrstoffen und zur Vermeidung neuer Kontaminationspfade im Rahmen betrieblicher Abläufe sollten die jeweiligen Tätigkeiten im Sinne der Prozessoptimierung strukturiert und, wenn nötig, angepasst werden. Prinzipiell sollte der Arbeitsaufenthalt in den kontaminierten Bereichen (Schwarz-Bereichen) möglichst gering gehalten werden. Daher sollten Tätigkeiten, die nicht zwingend in den kontaminierten Bereichen stattfinden müssen, in den Weiß-Bereich verlagert werden.

Reinigung des Arbeitsplatzes

Prinzipiell wird eine regelmäßige und umfangreiche Grundreinigung empfohlen, um das potenzielle Risiko einer inhalativen Aufnahme durch kontaminierte Stäube zu verringern. Leicht zu reinigende Oberflächen und die Vermeidung von schwer zu erreichenden Nischen/Ecken/Höhen erleichtern die Reinigung.

Reinigung der Objekte/Dekontamination

Durch einen übermäßigen Einsatz von Bioziden können sich stark belastete Objekte in einem Zustand zeigen, der ihre Präsentation in Ausstellungen und Sammlungsräumen nicht mehr erlaubt.

Neben der aufgezeigten Gesundheitsgefährdung können Wirkstoffablagerungen auf den Oberflächen der Objekte von ästhetischer Beeinträchtigung bis hin zur vollkommenen Unlesbarkeit bzw. Verfälschung der künstlerischen Intention führen.

Abbildung 20:
Waschgelegenheit mit Spender für Hautpflege- und Hautschutzmittel

Darüber hinaus können durch schwerflüchtige Bestandteile der Biozidformulierungen restauratorische Arbeiten verhindert bzw. erschwert (Arbeiten unter PSA) werden. Eine Dekontaminierung kann damit sowohl zur Verringerung von Gesundheitsrisiken als auch häufig für den Erfolg konservatorischer und restauratorischer Maßnahmen notwendig sein.

Hygienemaßnahmen

Die Hygienemaßnahmen sind die Basis eines jeden Arbeitsschutzkonzeptes. Bei Nichteinhaltung ist die Wirkung der nachfolgenden bzw. anderen Schutzmaßnahmen nicht mehr gewährleistet. Grundsätzliche hygienische (Mindest-)Maßnahmen sind die Erstellung eines Hygieneplanes und die Bereitstellung von Hautpflege- und Hautschutzmitteln gemeinsam mit dem Betriebsarzt. Weitere Informationen zum Thema Hautschutz gibt die BGR 197.

Entsorgung von Hilfsmitteln/PSA

Materialien, die eine Belastung mit kontaminierten Stäuben aufweisen (z. B. Staubsaugerbeutel, Filtermatten, Einmaltücher zur Raumreinigung), sind als Gefahrstoffe zu behandeln und werden als chemisch verunreinigte Betriebsmittel entsorgt. Es sind die einschlägigen abfallrechtlichen Bestimmungen zu beachten. Die zur Entsorgung bestimmten Abfälle sind getrennt zu halten, entsprechend zu kennzeichnen und anhand der Abfallarten des Sonderabfallkataloges zu entsorgen. Entsorgungsfirmen bieten i. d. R. hierzu geeignete Mehrweg-, Sammel- und Transportverpackungen an, in der die entsprechenden Abfälle gesammelt werden können. Ein Sonderfall sind die Atemfilter, welche häufig in extra bereitgestellten Sammelbehältern von den Herstellerfirmen wieder zurückgenommen werden.

9.3 Persönliche Schutzmaßnahmen

*Abbildung 21: **Tragen eines PSA während eines Depotbesuches mit Halbmaske, Schutzanzug und Handschuhen***

Vor dem Betreten des belasteten Arbeitsbereiches bzw. vor einer Aufnahme der Tätigkeiten und wenn keine der oben genannten Maßnahmen zu einer ausreichenden Verringerung der Belastung (z. B. Einhaltung des Arbeitsplatzgrenzwertes [AGW] in Bezug auf die Atemluft) beitragen, ist eine persönliche Schutzausrüstung (PSA) notwendig. Der Arbeitgeber hat den Mitarbeitern die notwendige und passende PSA bereitzustellen. Allgemein muss die jeweilige Tragezeitbegrenzung der PSA beachtet werden. Der Arbeitgeber darf das Tragen der PSA nicht als ständige Maßnahme anstelle von technischen oder organisatorischen Maßnahmen zulassen.

Für die Arbeiten kann je nach Einzelfall unterschiedliche PSA erforderlich sein. Sie sind gemäß Betriebsanweisung oder auf Anweisung eines Sachkundigen zu tragen.

Grundsätzlich lassen sich die folgenden zwei Anwendungsbereiche im musealen Bereich unterscheiden:

Arbeiten in Bereichen ohne Gasentwicklung

Begehungen und Tätigkeiten ohne Kontakt zu kontaminiertem Material und/oder Stäuben

- waschbare Arbeitskleidung oder Einwegschutzkleidung EW Kat. III, Typ 5+6

Arbeiten mit Kontakt zu trockenem kontaminierten Material und/oder Stäuben:

- Chemikalienschutzhandschuhe mit ausreichender Barrierewirkung gegenüber den zu erwartenden Stoffen. Das Tragen von Baumwollunterziehhandschuhen wird empfohlen.
- Einwegschutzkleidung EW Kat. III, Typ 5+6
- Atemschutz: Halb-/Viertelmaske mit Partikelfilter, Klasse P3[17]*

---

17 Halb-/Viertelmasken mit P2-Filter dürfen nicht gegen CMR-Stoffe und radioaktive Stoffe sowie luftgetragene biologische Arbeitsstoffe mit der Einstufung in Risikogruppe 3 eingesetzt werden, es sei denn, innerhalb der Gefährdungsbeurteilung konnte nachgewiesen werden, dass ein Atemschutzgerät einer geringeren Klasse (z. B. bei Partikelfiltern Klasse 2) ausreichend wirksam ist (vgl. BGR 190, S. 24 ff.).
*Beim Einsatz von persönlicher Schutzausrüstung ist immer die Tragezeitbegrenzung zu beachten.

Schadstoffe	Filtertyp	Farbkennung
DDT	A-P3	
Lindan	A-P3	
PCP	A-P3	
Permethrin	P2	
Arsen	P3	

Tabelle 3:
Beispiele für ausgewählte Schadstoffe und ihre Filterempfehlungen

Arbeiten in Bereichen mit Gasentwicklung

Atemschutz[18] gegen Gase und Dämpfe ist dann zu tragen, wenn:

- die technischen Schutzmaßnahmen nicht ausreichen, um die gesetzlich geforderten Grenzwerte (AGW) zu unterschreiten
- die Arbeiten so nahe am oder im Emissionsbereich auszuführen sind, dass eine Einhaltung der Grenzwerte (AGW) nicht zu gewährleisten ist
- eine hohe Geruchsbelästigung vorliegt

Zu tragen sind:

- bei ständigem Arbeiten unter Atemschutz: gebläseunterstützte Filtergeräte, mindestens Halbmaske mit einem für die Schadstoffe geeigneten Filter (vgl. Tab. 3); bei kurzfristigem Einsatz von Atemschutz kann auf die Gebläseunterstützung verzichtet werden
- bei Notwendigkeit von Augenschutz: Vollmaske mit einem geeigneten Filter *(vgl. Tab. 3)*

Für das Tragen von persönlicher Schutzausrüstung gilt grundsätzlich:

- Schutzkleidung ist mindestens arbeitstäglich zu wechseln bzw. spätestens dann, wenn ihre Schutzfunktion durch Risse, Löcher oder dergleichen nicht mehr gewährleistet ist.
- Es ist zu beachten, dass die Chemikalienschutzhandschuhe (CSM) nur eine bestimmte Zeit einen wirksamen Schutz gegen den Gefahrstoff bieten und daher regelmäßig auszutauschen sind. Die Durchbruch- und Tragezeitbegrenzungen des Herstellers sind zu beachten.

18 In der Praxis gibt es kein Atemschutzgerät, das seinen Träger vollkommen von der Umgebungsatmosphäre abschließt. Ziel bei der Auswahl des Atemschutzes ist es, dass in der Einatemluft der Grenzwert des Schadstoffes sicher unterschritten bleibt. Grundsätzlich ist bei CMR-Stoffen die höchste Klasse auszuwählen, es sei denn, innerhalb der Gefährdungsbeurteilung konnte nachgewiesen werden, dass ein Atemschutzgerät einer geringeren Klasse ausreichend wirksam ist (vgl. BGR 190, S. 24).

- Bei Gas- und Kombinationsfiltern sind die Herstellerangaben zur Gebrauchsdauer zu beachten. Zusätzlich sind diese immer auch dann zu wechseln, wenn der Geräteträger den Durchbruch geruchlich oder geschmacklich feststellt.
- Bei Verwendung von FFP-Filtermasken wird empfohlen, die Masken nach jeder Arbeitspause zu wechseln, mindestens arbeitstäglich.

Darüber hinaus sind bei Tätigkeiten mit Gefahrstoffen immer die Grundsätze zur Verhütung von Gefährdungen laut § 8 GefStoffV anzuwenden:

- Geeignete Gestaltung des Arbeitsplatzes und geeignete Arbeitsorganisation
- Bereitstellung geeigneter Arbeitsmittel für Tätigkeiten mit Gefahrstoffen und geeignete Wartungsverfahren zur Gewährleistung der Gesundheit und Sicherheit der Beschäftigten bei der Arbeit
- Begrenzung der Anzahl der Beschäftigten, die Gefahrstoffen ausgesetzt sind oder ausgesetzt sein können
- Begrenzung der Dauer und der Höhe der Exposition
- Angemessene Hygienemaßnahmen, insbesondere zur Vermeidung von Kontaminationen, und die regelmäßige Reinigung des Arbeitsplatzes
- Begrenzung der am Arbeitsplatz vorhandenen Gefahrstoffe auf die Menge, die für den Fortgang der Tätigkeiten unvermeidbar ist
- Geeignete Arbeitsmethoden und Verfahren, welche die Gesundheit und Sicherheit der Beschäftigten nicht beeinträchtigen oder die Gefährdung so gering wie möglich halten, einschließlich Vorkehrungen für die sichere Handhabung, Lagerung und Beförderung von Gefahrstoffen und von Abfällen, die Gefahrstoffe enthalten, am Arbeitsplatz
- Gefährliche Stoffe und Gemische sollen innerbetrieblich mit einer Kennzeichnung versehen sein, die ausreichende Informationen über die Einstufung, über die Gefahren bei der Handhabung und über die zu beachtenden Sicherheitsmaßnahmen enthält; vorzugsweise ist eine Kennzeichnung zu wählen, die der Verordnung (EG) Nr. 1272/2008 entspricht
- Apparaturen und Rohrleitungen so kennzeichnen, dass mindestens die enthaltenen Gefahrstoffe sowie die davon ausgehenden Gefahren eindeutig identifizierbar sind

10. Unterrichtung und Unterweisung

Der Arbeitgeber hat sicherzustellen, dass den Beschäftigten eine schriftliche Betriebsanweisung (BA) bereitgestellt wird. Diese ist Teil der Unterweisung und basiert auf der Gefährdungsbeurteilung. In der BA werden arbeitsplatzbezogene Maßnahmen zusammengefasst.

ⓘ Betriebsanweisung

GefStoffV § 14 Unterrichtung und Unterweisung der Beschäftigten

Die BA muss mindestens folgende Punkte enthalten (§ 14 Abs. 1 GefStoffV):

1. Informationen über die am Arbeitsplatz vorhandenen oder entstehenden Gefahrstoffe, wie beispielsweise die Bezeichnung der Gefahrstoffe, ihre Kennzeichnung sowie mögliche Gefährdungen der Gesundheit und der Sicherheit
2. Informationen über angemessene Vorsichtsmaßregeln und -maßnahmen, welche die Beschäftigten zu ihrem eigenen Schutz und zum Schutz der anderen Beschäftigten am Arbeitsplatz einzuhalten und durchzuführen haben. Dazu gehören insbesondere:
   a. Hygienevorschriften
   b. Informationen über Maßnahmen, die zur Verhütung einer Exposition zu ergreifen sind
   c. Informationen zum Tragen und Verwenden von persönlicher Schutzausrüstung und Schutzkleidung
3. Informationen über Maßnahmen, die bei Betriebsstörungen, Unfällen und Notfällen und zur Verhütung dieser von den Beschäftigten, insbesondere von Rettungsmannschaften, durchzuführen sind.

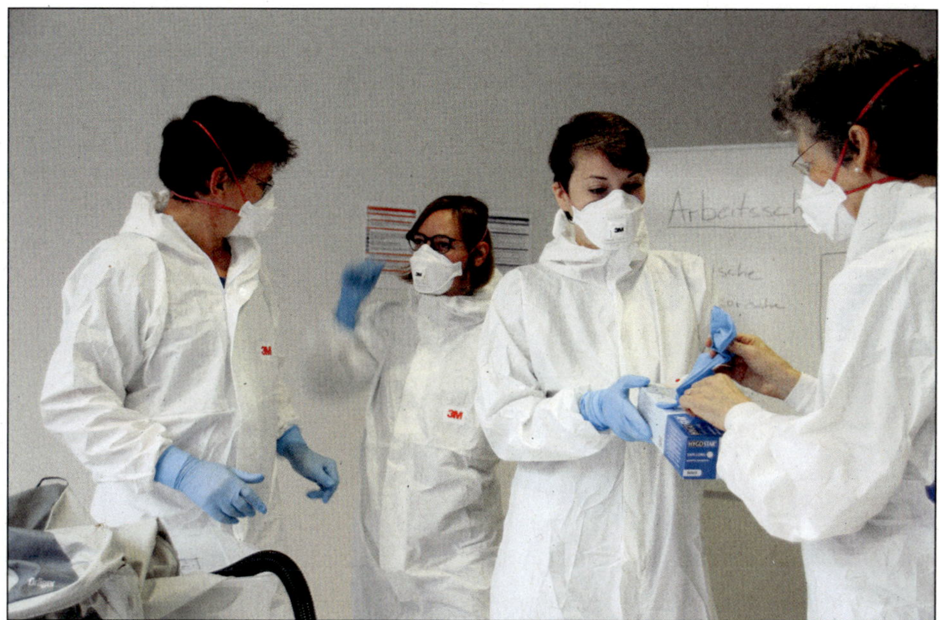

Abbildung 22: ***Unterweisung von Mitarbeitern zur richtigen Handhabung der Persönlichen Schutzausrüstung (PSA)***

Konkrete Fristen für die Aktualisierung der BA sind in der GefStoffV nicht verankert. Grundsätzlich muss diese jedoch zumindest bei jeder maßgeblichen Veränderung der Arbeitsbedingungen (z. B. Änderung der Arbeitsabläufe) aktualisiert werden. Die Organisation und Umsetzung liegt dabei in der Verantwortung des Arbeitgebers.

Der Arbeitgeber muss gem. § 14 Abs. 2 GefStoffV weiterhin sicherstellen, dass die Beschäftigten anhand der BA über die auftretenden Gefährdungen wie auch die geeigneten Schutzmaßnahmen mündlich unterwiesen werden. Dies hat in verständlicher Form und Sprache zu erfolgen.

Der Arbeitgeber selbst oder ein betrieblicher Vorgesetzter sollte die Unterweisung organisieren und kann sich ggf. durch externe Fachleute unterstützen lassen. Dies empfiehlt sich vor allem dann, wenn die entsprechende Fachkompetenz nicht vorliegt, wie es im musealen Bereich i. d. R. der Fall ist.

Grundsätzlich ist zu beachten, dass die Unterweisung vor Aufnahme der Beschäftigung eines neuen Mitarbeiters und danach mindestens jährlich arbeitsplatzbezogen durchgeführt werden muss.

Die Form der Unterweisung sollte sich dabei nach dem Kenntnisstand der Beschäftigten richten und möglichst anschaulich gestaltet werden. Bewährt hat sich die Einbindung von praktischen Übungen, die mit der möglichen Gefahrstoffexposition einhergehen.

Dabei sollen die Beschäftigten arbeitsplatzbezogen über die spezifischen Gefahren beim Umgang mit kontaminiertem Sammlungsgut sowie über die zu ergreifenden Schutzmaßnahmen und Verhaltensregeln unterrichtet werden:

- Eigenschaften und Wirkungsmechanismen von relevanten Gefahrstoffen
- Richtige Handhabung/Arbeitsweise und entsprechende Schutzmaßnahmen
- Gefährdungsmöglichkeiten
- Verhaltensregeln und Maßnahmen bei Unfällen
- Erste-Hilfe-Maßnahmen
- Ordnungsgemäße Entsorgung von Betriebs- und Hilfsstoffen (kontaminiertes Verpackungsmaterial, Stäube, Wischwasser etc.)

Darüber hinaus müssen bei Bedarf folgende Themen aufgenommen werden:

- Informationen zu neuen oder geänderten Arbeitsmitteln, -verfahren oder -vorschriften
- Hinweise zu Verwendungs- und Beschäftigungsbeschränkungen bzw. -verboten für besonders schutzbedürftige Personenkreise (z. B. Hinweis auf Umgangsverbote für Jugendliche oder Arbeitnehmerinnen, dass im Fall der Schwangerschaft der Umgang mit kontaminiertem Sammlungsgut verboten ist, wenn die Aufnahme von Gefahrstoffen nicht ausgeschlossen werden kann)
- Informationen und Schlussfolgerungen aus vorangegangenen Unfällen mit Gefahrstoffen

Sind Atemschutzfiltergeräte Bestandteil der Schutzausrüstung, so muss die Unterweisung überdies – soweit zutreffend – folgende Themen umfassen *(vgl. DGUV Regel 112-190 Benutzung von Atemschutzgeräten, S. 39 f.)*:

- Zweck des Atemschutzes
- Regelwerke für Atemschutz, Informationsbroschüre/Gebrauchsanleitung des Herstellers
- Folgen des Sauerstoffmangels auf den menschlichen Organismus

- Atmung des Menschen/physiologische Gesichtspunkte
- Belastung durch Atemschutzgeräte
- Aufbau und Wirkungsweise der vorgesehenen Filtergeräte
- Grenzen der Schutzwirkung, Benutzungsdauer, Austausch verbrauchter Filter
- Anlegen der Filtergeräte, Verhalten während des praktischen Gebrauchs
- Wahrnehmung des Filterdurchbruchs (Beeinträchtigung bei Störungen des Geruchs- und Geschmackssinnes)
- Instandhaltung, z. B. Kontrolle, Prüfung, Wartung, Reparatur, Reinigung
- Entsorgung

Für Erstunterweisungen, die auch den Umgang mit Atemschutz beinhalten, sollten nach DGUV-R 112-190 circa 2 Stunden vorgesehen werden. Dabei ist nach Abschluss des theoretischen Teils auch eine Trageübung mit angelegtem Filtergerät durchzuführen *(vgl. DGUV-R 112-190, S. 40)*.

Sollten die Beschäftigten bereits spezifische Kenntnisse besitzen, kann die Unterweisung entsprechend gekürzt werden.

Die Verwendung von Filtergeräten und Chemikalienschutzhandschuhen erfordert darüber hinaus eine eigene Betriebsanweisung. Entsprechende Vorlagen bietet die DGUV als Download im Internet an.

Der Arbeitgeber hat nach § 14 Abs. 2 GefStoffV den Zeitpunkt und Inhalt der Unterweisung zu dokumentieren und vom Beschäftigten durch Unterschrift bestätigen zu lassen.

Die Unterweisung muss gemäß § 14 Abs. 2 GefStoffV eine allgemeine arbeitsmedizinisch-toxikologische Beratung beinhalten, bei der die Beschäftigten Informationen zu Gesundheitsgefahren beim Umgang mit kontaminiertem Sammlungsgut erhalten und über Angebotsuntersuchungen informiert werden. Nähere Informationen hierzu finden Sie in den folgenden Kapiteln.

11. Gesetze/Rechte/Pflichten

Grundlegend für die Ausarbeitung des gesetzlichen Gesundheitsschutzes bei der Arbeit ist der Artikel 2 des Grundgesetzes (GG) der Bundesrepublik Deutschland: »Jeder hat das Recht auf Leben und körperliche Unversehrtheit.« Diesem Artikel folgend, beruht das Arbeitsschutzsystem in Deutschland auf zwei Pfeilern, dem dualen Arbeitsschutzsystem.

Die erste Säule des dualen Arbeitsschutzsystems in Deutschland bildet das Arbeitsschutzgesetz (ArbSchG), welches die Sicherheit der Beschäftigten in allen Tätigkeitsbereichen[19] gewährleisten soll. Es regelt die grundlegenden Arbeitsschutzpflichten des Arbeitgebers sowie die Pflichten und Rechte der Beschäftigten ebenso wie die Überwachung des Arbeitsschutzes nach diesem Gesetz. Zusätzlich bildet es die Ermächtigungsgrundlage für verschiedene Verordnungen. Im Bereich des Arbeitnehmerschutzes gegenüber kontaminierten Kunst- und Kulturgegenständen wichtige (konkrete) Verordnungen sind die Gefahrstoffverordnung (GefstoffV) und die Arbeitsstättenverordnung (ArbstättV). Die Technischen Regeln zeigen Möglichkeiten für spezielle Arbeitsbereiche zur Umsetzung eines Gesetzes oder einer Verordnung auf. Seitdem Arbeiten mit kontaminierten Objekten rechtlich den Arbeiten mit Gefahrstoffen gleichzusetzen sind, sind die wichtigsten Technischen Regeln für den Arbeitnehmerschutz in kontaminierten Bereichen die Technischen Regeln für Gefahrstoffe (TRGS).

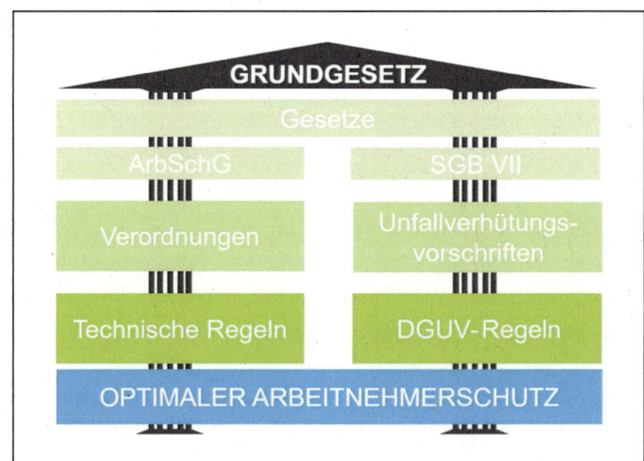

Abbildung 23: ***Aufbau des dualen Arbeitsschutzsystems in Deutschland***

19 Mit wenigen Ausnahmen.

ⓘ Gesetze und Verordnungen

Auch Gesetze und Verordnungen sind möglichen Neubearbeitungen unterlegen. Originaltexte in aktuellen Fassungen können im Internet auf folgenden Seiten abgerufen werden:

Seiten wie die vom Bundesministerium der Justiz und für Verbraucherschutz stellen – gemeinsam mit der juris GmbH – nahezu das gesamte aktuelle Bundesrecht kostenlos zum Download zur Verfügung:
www.gesetze-im-internet.de

Sämtliche Vorschriften, Regeln, Informationen und Grundsätze der Deutschen Gesetzlichen Unfallversicherung finden sich auf der Homepage der DGUV unter:
www.publikationen.dguv.de

Technische Regeln für Gefahrstoffe können auf der Homepage der Bundesanstalt für Arbeitsschutz und Arbeitsmedizin abgerufen werden:
www.baua.de/DE/Angebote/Rechtstexte-und-Technische-Regeln/Regelwerk/TRGS/TRGS.html

Neben dem staatlichen Arbeitsschutz wurde auch den gesetzlichen Unfallversicherungsträgern der Auftrag erteilt, ihre Versicherten vor arbeitsbedingten Gesundheitsgefahren und Unfällen präventiv zu schützen und sie nach Eintritt von Arbeitsunfällen (AU) und Berufskrankheiten (BK) wiederherzustellen oder zu entschädigen. Fast alle Personen, die abhängig beschäftigt sind, sind von Rechts wegen in der gesetzlichen Unfallversicherung versichert. Die normierten Grundlagen, Aufgaben und Befugnisse der gesetzlichen Versicherung sind im Siebten Sozialgesetzbuch (SGB VII) festgesetzt.

Nach dem Siebten Sozialgesetzbuch können Unfallversicherungsträger unter Mitwirkung der Deutschen Gesetzlichen Unfallversicherung e. V. (DGUV) Unfallverhütungsvorschriften (UVV) erlassen. Sie sind in der Regel präventiv und gelten als autonome Rechtsnormen. Sie sind daher Gesetze im materiellen Sinn, die allgemein für die Versicherten verbindlich sind, jedoch nicht für Dritte. Konkretisiert werden diese Vorschriften in den an den Unternehmer adressierten Regeln für Sicherheit und Gesundheitsschutz (DGUV-Regeln). Neben allgemeinen Unfallverhütungsvorschriften wie den Grundsätzen der Prävention (DGUV V1) gibt es auch speziell für die Arbeiten in kontaminierten Bereichen wichtige DGUV-Regeln für die Persönliche Schutzausrüstung (DGUV-Regel 112-189, -190, -192, -195 etc.).

ⓘ Praxis

Es ist davon auszugehen, dass ein Großteil der Sammlungsobjekte in Museen mit einem oder mehreren Gefahrstoffen belastet ist. Durch Sekundärkontaminationen können auch Mobilien, Stäube, Raumluft oder vorher unbelastete Sammlungsobjekte eine gesundheitsgefährdende Sekundärkontamination aufweisen. Daher sollte grundsätzlich bei Tätigkeiten mit Sammlungsobjekten von einem Verdachtsfall ausgegangen und nach GefStoffV Maßnahmen zum Schutz der Beschäftigten ergriffen werden *(vgl. Abb. 8)*.

Auf den folgenden Seiten werden die wichtigsten Begriffsbestimmungen, Rechte und Pflichten der Arbeitgeber sowie der Arbeitnehmer aus der GefStoffV/TRGS 524/BGR 128 zusammengestellt und auf den musealen Arbeitsbereich übertragen. Sollten auch Gefährdungen durch biologische Arbeitsstoffe (Taubenkot, Schimmelpilze) auftreten, müssen gesondert die Technischen Regeln für biologische Arbeitsstoffe (TRBA) herangezogen werden.

Als kontaminierter Bereich gelten laut TRGS 524, Nummer 2 (1): »[…] Standorte (Liegenschaften, Grundstücke), bauliche Anlagen, Produktionsanlagen, Ablagerungen, Gegenstände, Boden, Wasser, Luft, die über eine gesundheitlich unbedenkliche Grundbelastung hinaus mit Gefahrstoffen verunreinigt sind«.

- In musealen Anlagen können als kontaminierte Bereiche z. B. Depots, Sammlungsräume, Sammlungsobjekte etc. gelten, wenn diese gesundheitsbedenklich mit Gefahrstoffen belastet sind.

Gefahrstoffe sind u. a. nach § 2 (1) 4 GefStoffV: »Stoffe und Gemische […] die aufgrund ihrer physikalisch-chemischen, chemischen oder toxischen Eigenschaften und der Art und Weise, wie sie am Arbeitsplatz vorhanden sind oder verwendet werden, die Gesundheit und die Sicherheit der Beschäftigten gefährden können«.

- Museale Sammlungsgegenstände, die mit einem oder mehreren Gefahrstoffen gesundheitsbedenklich belastet sind, gelten als Erzeugnisse nach Artikel 2 der Verordnung (EG) Nr. 1272/2008 und fallen somit unter den Gültigkeitsbereich der GefStoffV.
- Eine Tätigkeit ist laut § 2 (5) GefStoffV »jede Arbeit mit Stoffen, Gemischen oder Erzeugnissen, einschließlich Herstellung, Mischung, Ge- und Verbrauch, Lagerung,

Aufbewahrung, Be- und Verarbeitung, Ab- und Umfüllung, Entfernung, Entsorgung und Vernichtung. Zu den Tätigkeiten zählen auch das innerbetriebliche Befördern sowie Bedien- und Überwachungsarbeiten.«

- Somit sind sämtliche Restaurierungs-, Konservierungs-, Instandhaltungs-, Lagerungs-, Reinigungs- und Depotarbeiten im musealen Bereich als Tätigkeiten mit Gefahrstoffen zu werten, wenn die verwendeten Stoffe in den Arbeitsbereichen/Sammlungsobjekten eine Gesundheitsgefahr darstellen können. Das gilt auch schon präventiv im Verdachtsfall einer Gesundheitsgefährdung durch mögliche Gefahrstoffe.

Die folgende Auflistung aus der GefStoffV gibt die Rechte und Pflichten des Arbeitgebers stark zusammengefasst wieder und dient dem Arbeitgeber zur Orientierung. Für eine weiterführende vertiefte Information wird auf die offizielle GefStoffV verwiesen.

Grundpflichten des Arbeitgebers/Unternehmers (AG)

Informationsermittlung

- Nach § 6 des ArbSchG muss der AG feststellen, ob seine Beschäftigten Tätigkeiten mit Gefahrstoffen ausüben oder ob bei den Tätigkeiten Gefahrstoffe freigesetzt werden können. Das gilt auch bei dem Verdacht, dass aus einem historischen Kontext heraus Gefahrstoffe verwendet worden sind (Punkt 3.2.1 (2) TRGS 524). Ist dies der Fall, muss er eine Gefährdungsbeurteilung erstellen.

- In der Gefährdungsbeurteilung muss der AG folgende Punkte beurteilen – § 6 (1) GefStoffV und Punkt 4.1 (1) 1 nach TRGS 524:

  a. Physikalische und chemische Eigenschaften der Stoffe mit den Gefährlichkeitsmerkmalen (Art, Konzentration, Eigenschaften)

  b. Arbeitsbereiche, in denen die Tätigkeiten nach §2 (5) GefStoffV ausgeführt werden sollen

  c. Arbeitsverfahren und deren tätigkeitsbedingte Faktoren der Gefährdung

  d. Expositionsmöglichkeiten (inhalativ, dermal, oral) unter Rücksichtnahme der Messergebnisse

  e. Informationen zu Gesundheitsschutz/Sicherheit, Festlegung der Maßnahmen

  f. Substitutionsmöglichkeiten (entfällt, da Gefahrstoffe bereits vorhanden sind)

  g. Arbeitsbedingungen und Verfahren (mit Arbeitsmittel und Gefahrstoffmenge)

  h. Arbeitsplatzgrenzwerte (AGW), biologische Grenzwerte (BGW)

  i. Wirksamkeit der Schutzmaßnahmen

  j. Arbeitsmedizinische Vorsorge nach ArbMedVV

- Die Gefährdungsbeurteilung darf nur von fachkundigen Personen durchgeführt werden. Sollte der AG nicht über entsprechende Kenntnisse verfügen, muss er sich fachkundig beraten lassen – § 6 (11) GefStoffV.

- Nach § 7 (1) GefStoffV darf ein AG Arbeiten mit Gefahrstoffen erst aufnehmen lassen, nachdem eine Gefährdungsbeurteilung nach § 6 GefStoffV erstellt und die erforderlichen Schutzmaßnahmen durchgeführt worden sind.

Schutzmaßnahmen

- Der AG muss nach dem TOP-Prinzip die Gefährdungen der Gesundheit bei Tätigkeiten mit Gefahrstoffen auf ein Minimum reduzieren – § 7 (4) GefStoffV. Dabei ist die wichtigste oberste Maßnahme die sichere Gestaltung des Arbeitsplatzes.
- Die Schutzmaßnahmen bzw. Einhaltung der AGW müssen mit geeigneten technischen Verfahren (Messtechnik) überprüft und, falls nötig, anhand einer neuen Gefährdungsbeurteilung angepasst werden.
- Der AG muss alle Beschäftigten während der Arbeitszeit unterweisen, die Zugang zu den gefährlichen Arbeitsbereichen haben.
- Der AG muss, sobald eine Gefahr am Arbeitsplatz bekannt geworden ist, möglichst frühzeitig die Beschäftigten unterrichten und umgehend für ihre Sicherheit sorgen.
- Der AG muss einen oder mehrere Beschäftigte benennen, die Aufgaben zur Sicherheit, Erste Hilfe etc. übernehmen (Sicherheitsbeauftragter).
- Der AG muss arbeitsmedizinische Vorsorge nach der ArbMedVV veranlassen, anbieten oder ermöglichen.

Pflichten des AGs bei der Bereitstellung der PSA

- Der AG muss die PSA für den jeweiligen Gefahrenbereich auf Grundlage der arbeitsschutzrechtlichen Gefährdungsbeurteilung in einem betriebssicheren Zustand bereitstellen. Er darf die Kosten nicht auf den Arbeitnehmer übertragen.
- Der AG muss dafür Sorge tragen, die verschiedenen Schutzausrüstungen so aufeinander abzustimmen, dass sie sich in ihrer Schutzwirkung gegenseitig nicht beeinträchtigen.
- Der AG muss für die Instandhaltung (Wartungs-, Reparatur- und Ersatzmaßnahmen) und Lagerung während der gesamten Benutzungsdauer Sorge tragen, damit die PSA konstant gut funktioniert und sich in hygienisch einwandfreiem Zustand befindet.
- Der AG muss die Beschäftigten in der Benutzung der PSA unterweisen bzw. unterweisen lassen.
- Der AG muss für jede bereitgestellte PSA Informationen über die Benutzung bereitstellen. Sie muss in Form und Sprache für den Arbeitnehmer verständlich sein.

Besondere Schutzmaßnahmen bei Tätigkeiten mit krebserzeugenden, keimzellmutagenen und reproduktionstoxischen Gefahrstoffen (CMR) der Kategorie 1A und 1B

- Für die meisten CMR-Stoffe gibt es keinen AGW (Auflistung der CMR-Stoffe in TRGS 905, 906). In diesem Fall muss der AG ein geeignetes Risiko-Maßnahmen-Konzept erstellen, um das Minimierungsgebot umzusetzen – §10 (1) GefStoffV.
- Der AG muss die Expositionszeiten, soweit möglich, verkürzen und die Beschäftigten auf ein Minimum zur Ausführung der Tätigkeiten reduzieren.

Unterricht/Unterweisung (§ 14 GefStoffV)

- Der AG muss den Beschäftigten eine tätigkeitsbezogene Betriebsanweisung (BA) bereitstellen und sie anhand der BA mündlich vor Aufnahme einer neuen Tätigkeit, jedoch mindestens jährlich unterweisen lassen.
- Die BA muss in verständlicher Form und Sprache vorliegen und bei jeglicher Veränderung der Arbeitsbedingungen aktualisiert werden.
- Die BA muss folgende Informationen enthalten:
  - **a.** Informationen über die am Arbeitsplatz vorhandenen oder entstehenden Gefahrstoffe
  - **b.** Informationen über die Maßnahmen gegen eine Exposition (Hygienevorschriften, Schutzmaßnahmen)
  - **c.** Informationen über die Verwendung einer PSA
- Zu der Unterweisung gehört auch eine arbeitsmedizinisch-toxikologische Beratung *(s. Kap. 7)*.
- Inhalt und Zeitpunkt der Unterweisung müssen schriftlich festgehalten und von den Unterwiesenen unterschrieben werden.
- Bei Tätigkeiten mit CMR-Stoffen wird auf die Angaben unter § 14 Absatz (3) verwiesen.
- Alle Betroffenen haben freien Zugang zu den sie betreffenden Angaben in ihrem Tätigkeitsumfeld.

Zusammenarbeit mit externen Firmen/Gastforschern:

- Bei einer Zusammenarbeit mit Fremdfirmen (z. B. Leihverkehr, Reinigungsfirmen etc.)/Externen (Gastforscher, Doktoranden, Studenten) muss der AG sicherstellen, dass die Fremdfirmen/Externe über Fachkenntnisse und Erfahrungen verfügen, und sie entsprechend der Tätigkeit unterweisen.
- Der AG muss die Fremdfirmen/Externen über die Gefahrenquelle informieren.
- Kann nicht ausgeschlossen werden, dass durch Tätigkeiten der Beschäftigten auch Externe anderer Arbeitgeber gegenüber Gefahrstoffen exponiert sind, müssen sämtliche AGs bei der Gefährdungsbeurteilung zusammenwirken.

Grundpflichten Beschäftigter (BS)

- Der BS muss gemäß der Unterweisung des AGs für seine Sicherheit bei der Arbeit sorgen und die PSA sowie andere Schutzvorschriften bestimmungsgemäß verwenden.
- Der BS muss bei jeder festgestellten Gefährdung unverzüglich die Tätigkeit stoppen, andere AN warnen und dem AG die Gefahr melden.
- Der BS darf dem AG Vorschläge zu allen Bereichen der Sicherheit und des Gesundheitsschutzes bei der Arbeit machen.
- Der BS darf sich an die zuständige Behörde[20] wenden, wenn er aufgrund konkreter Anhaltspunkte der Auffassung ist, dass die vom Arbeitgeber getroffenen Maßnahmen und Mittel auch nach dem Hinweis nicht ausreichen, um die Sicherheit bei der Arbeit zu gewährleisten. Weiterhin ist Voraussetzung, dass der Arbeitgeber den Beschwerden nicht abhilft. Es dürfen dem Arbeitnehmer dadurch keine Nachteile entstehen.

---

20 In erster Linie müssen Gefährdungsanzeigen schriftlich beim AG vorliegen, grundsätzlich empfiehlt sich dabei jedoch ein Einbezug der Personalvertretung/des Betriebsrats. Bei Nichtbeachtung der Gefährdungsanzeige und bei einem Weiterbestehen der Gefährdung vernachlässigt der AG seine Fürsorgepflicht nach BGB § 618. Die Personalvertretung/der Betriebsrat können sich für weitere Schritte bei der zuständigen Unfallversicherung bzw. der Aufsichtsbehörde melden.

12. Arbeitsmedizinische Vorsorge

Jeder Arbeitgeber ist verpflichtet, arbeitsbedingte Gefährdungen zu ermitteln, zu bewerten und Schutzmaßnahmen daraus abzuleiten (§5 ArbSchG). Werden diese ausreichend berücksichtigt, ist die Exposition gegenüber Gefahrstoffen bei Tätigkeiten mit kontaminiertem Sammlungsgut auf ein Minimum reduziert. Trotzdem kann ein Gesundheitsrisiko beim Umgang mit Gefahrstoffen nicht gänzlich ausgeschlossen werden. Aus diesem Grund ist der Arbeitgeber gemäß der Verordnung zur arbeitsmedizinischen Vorsorge (ArbMedVV) verpflichtet, bei Umgang mit Gefahrstoffen (z. B. Arsen) eine arbeitsmedizinische Vorsorge zu veranlassen, anzubieten bzw. zu ermöglichen. Die ArbMedVV unterscheidet zwischen der Pflichtvorsorge, Angebotsvorsorge und Wunschvorsorge. Für den Umgang mit Gefahrstoffen sind alle Vorsorgearten nach der ArbMedVV von Relevanz. Bei welchen Tätigkeiten genau eine Pflicht- oder Angebotsvorsorge zu veranlassen bzw. anzubieten ist, ergibt sich aus dem ArbMedVV und dem Anhang zur ArbMedVV.

Der Arbeitgeber hat eine Vorsorgekartei zu führen mit Angaben, dass, wann und aus welchem Anlass die Vorsorge durchgeführt wurde.

Zeitliche Fristen der Vorsorgen

- Die erste Vorsorge muss innerhalb von drei Monaten vor Aufnahme der Tätigkeit veranlasst oder angeboten werden.
- Die zweite Vorsorge muss nach 12 Monaten veranlasst oder angeboten werden (bei hautbelastenden Tätigkeiten oder allergisierenden Stoffen nach 6 Monaten). Alle weiteren Vorsorgen müssen spätestens nach 36 Monaten wieder veranlasst bzw. angeboten werden.
- Der die Vorsorge durchführende Arzt kann auch individuelle kürzere Fristen festsetzen, welche er dann auf der Vorsorgebescheinigung vermerkt.

Wunschvorsorge

Weiterhin hat der Arbeitgeber den Beschäftigten auf deren Wunsch eine sogenannte Wunschvorsorge zu ermöglichen. Dies kommt vor allem dort in Betracht, wo keine Pflichtvorsorge zu veranlassen bzw. keine Angebotsvorsorge anzubieten ist, allerdings eine Gesundheitsgefährdung nicht ausgeschlossen werden kann.

Inhalte der Vorsorge sollten sein:	Inhalte der Vorsorge können zusätzlich sein:
Anamnesegespräch (Sozial-, Berufs- und Krankheitsanamnese)	Anbieten und Durchführen von angepasstem (gefahrstoffspezifischem) Biomonitoring und Bewertung der erhobenen Werte
Individuelle Beratung hinsichtlich der am Arbeitsplatz vorhandenen Gesundheitsgefahren und deren Verhütung	Anbieten und Durchführen von Früherkennungsuntersuchung, sofern diese vorhanden und sinnvoll ist
Anbieten einer klinischen, organbezogenen Untersuchung	Allgemeine Gesundheitsberatung

Human-Biomonitoring

Biomonitoring ist Bestandteil der arbeitsmedizinischen Vorsorge, soweit dafür arbeitsmedizinisch anerkannte Analyseverfahren und geeignete Werte zur Beurteilung zur Verfügung stehen.

Besondere Personengruppen

Für Jugendliche, Schwangere und Stillende gelten neben dem ArbSchG noch weitere spezielle Vorschriften.

So dürfen Jugendliche grundsätzlich keinen schädlichen Einwirkungen von Gefahrstoffen ausgesetzt sein. Dies gilt allerdings dann nicht, wenn der Umgang mit Gefahrstoffen zur Erreichung des Ausbildungsziels erforderlich ist, ihr Schutz durch die Aufsicht eines Fachkundigen gewährleistet ist und der »Luftgrenzwert« unterschritten wird.

Vor Beschäftigungsantritt müssen Jugendliche von einem Arzt untersucht werden, das Ergebnis dieser Untersuchung muss dem Arbeitgeber vorgelegt werden. Ausnahmen von dieser Untersuchungspflicht werden gestattet, wenn die Beschäftigung weniger als 2 Monate umfasst und leichte Tätigkeiten verrichtet werden, bei denen keine Gesundheitsgefahr zu erwarten ist.

Im Mutterschutzgesetz ist in § 11 Abs. 1 geregelt, dass schwangere und stillende Frauen nicht im Umgang mit Gefahrstoffen beschäftigt werden dürfen, bei denen sie oder ihr Kind einer unverantwortbaren Gefährdung ausgesetzt sind. Diese sind im entsprechenden Gesetz (MuSchG) in § 9, 11 und 12 näher geregelt. Hierbei muss beachtet werden, dass das Mutterschutzgesetz in seiner Neufassung von 2018 auch für Studentinnen und Schülerinnen gilt (§ 1 MuSchG).

13. Anlage

Rechtsverweise

Gesetze und Verordnungen

Die Originaltexte der aktuellen Fassungen sind im Buchhandel erhältlich und werden unter anderem vom Verlag C.H. Beck, München, und vom Carl Heymanns Verlag, Köln, herausgegeben. Darüber hinaus können diese auch kostenfrei im Internet abgerufen werden.

- Arbeitsschutzgesetz (ArbSchG)
- Arbeitsstättenverordnung (ArbStättV)
- Chemikaliengesetz (ChemG)
- Gefahrstoffverordnung (GefStoffV)
- Arzneimittelgesetz (AMG)
- Mutterschutzgesetz (MuSchG)
- Jugendarbeitsschutzgesetz (JArbSchG)

Vorschriften

Die aktuell geltenden UVVen können kostenlos von der Website der Deutschen Gesetzlichen Unfallversicherung heruntergeladen werden (www.dguv.de).

Nummer	Titel
DGUV-V 1	»Grundsätze der Prävention«
DGUV-V 6	»Arbeitsmedizinische Vorsorge«

Darüber hinaus gibt es von der DGUV Informationsschriften (DGUV I) und Regeln (DGUV R), die im Rahmen der Gefährdungsbeurteilung hilfreich sein können:

Nummer	Titel
DGUV I 201-012	Verfahren mit geringer Exposition gegenüber Asbest bei Abbruch-, Sanierungs- und Instandhaltungsarbeiten
DGUV I 201-031	Handlungsanleitung zur Gefährdungsbeurteilung nach Biostoffverordnung (BioStoffV); Gesundheitsgefährdungen durch Taubenkot
DGUV I 211-005	Unterweisung – Bestandteil des betrieblichen Arbeitsschutzes
DGUV I 211-019	Arbeitsschutzmanagementsysteme – Ein Erfolgsfaktor für Ihr Unternehmen
DGUV I 211-030	Arbeitsschutzmanagement – Mit System sicher zum Erfolg
DGUV I 211-041	Sicherheits- und Gesundheitsschutzkennzeichnung
DGUV I 212-007	Chemikalienschutzhandschuhe
DGUV I 212-014	Hautschutz
DGUV I 212-017	Allgemeine Präventionsleitlinie Hautschutz – Auswahl, Bereitstellung und Benutzung
DGUV I 212-019	Chemikalienschutzkleidung bei der Sanierung von Altlasten, Deponien und Gebäuden
DGUV I 212-515	Persönliche Schutzausrüstungen
DGUV I 213-031	Umgang mit Mineralwolle-Dämmstoffen (Glaswolle, Steinwolle)
DGUV I 213-079	Tätigkeiten mit Gefahrstoffen (Merkblatt M 050 der Reihe »Gefahrstoffe«)
DGUV I 213-080	Arbeitsschutzmaßnahmen bei Tätigkeiten mit Gefahrstoffen (Merkblatt M 053 der Reihe »Gefahrstoffe«)
DGUV I 213-503	Verfahren zur Bestimmung von Arsen und Verbindungen
DGUV I 213-531	Verfahren zur Bestimmung der Konzentrationen von lungengängigen Fasern in Arbeitsbereichen – Lichtmikroskopische Verfahren
DGUV I 213-554	Verfahren zur Bestimmung von Cadmium
DGUV I 213-573	Verfahren zur Bestimmung von Blei und seinen anorganischen Verbindungen

Nummer	Titel
DGUV I 240-014	Handlungsanleitung für die arbeitsmedizinische Vorsorge nach dem Berufsgenossenschaftlichen Grundsatz G 1.4 »Staubbelastung«
DGUV I 240-020	Handlungsanleitung für arbeitsmedizinische Untersuchungen nach dem DGUV Grundsatz G 2 »Blei oder seine Verbindungen (mit Ausnahme der Bleialkyle)«
DGUV I 240-090	Handlungsanleitung für arbeitsmedizinische Untersuchungen nach dem DGUV Grundsatz G 9 »Quecksilber oder seine Verbindungen«
DGUV I 240-150	Handlungsanleitung für arbeitsmedizinische Untersuchungen nach dem DGUV Grundsatz G 15 »Chrom-VI-Verbindungen«
DGUV I 240-160	Handlungsanleitung für arbeitsmedizinische Untersuchungen nach dem DGUV Grundsatz G 16 »Arsen oder seine Verbindungen (mit Ausnahme des Arsenwasserstoffs)«
DGUV I 240-260	Handlungsanleitung für arbeitsmedizinische Untersuchungen nach dem DGUV Grundsatz G 26 »Atemschutzgeräte«
DGUV I 240-320	Handlungsanleitung für arbeitsmedizinische Untersuchungen nach dem DGUV Grundsatz G 32 »Cadmium oder seine Verbindungen«
DGUV I 240-380	Handlungsanleitung für arbeitsmedizinische Untersuchungen nach dem DGUV Grundsatz G 38 »Nickel oder seine Verbindungen«
DGUV I 240-402	Handlungsanleitung für die arbeitsmedizinische Vorsorge nach dem Berufsgenossenschaftlichen Grundsatz G 40 »Krebserzeugende und erbgutverändernde Stoffe allgemein, hier: Polycyclische aromatische Kohlenwasserstoffe«
DGUV I 240-406	Handlungsanleitung für die arbeitsmedizinische Vorsorge nach dem Berufsgenossenschaftlichen Grundsatz G 40 »Krebserzeugende und erbgutverändernde Stoffe allgemein, hier: Cobalt oder seine Verbindungen (bioverfügbar, in Form atembarer Stäube, Aerosole)«
DGUV I 250-104	Leitfaden für Betriebsärzte zur arbeitsmedizinischen Betreuung bei Arbeiten in kontaminierten Bereichen
DGUV I 201-028	Handlungsanleitung Gesundheitsgefährdung durch biologische Arbeitsstoffe bei der Gebäudesanierung
DGUV R 101-004	Kontaminierte Bereiche
DGUV R 109-002	Arbeitsplatzlüftung – Lufttechnische Maßnahmen
DGUV R 112-189	Benutzung von Schutzkleidung
DGUV R 112-195	Benutzung von Schutzhandschuhen

Technische Regeln für Gefahrstoffe

Die Technischen Regeln für Gefahrstoffe (TRGS) können kostenlos von der Website der Bundesanstalt für Arbeitsschutz und Arbeitsmedizin heruntergeladen werden (www.baua.de).

- **TRGS 400**
  »Gefährdungsbeurteilung für Tätigkeiten mit Gefahrstoffen«, Stand: Januar 2008
- **TRGS 401**
  »Gefährdung durch Hautkontakt – Ermittlung, Beurteilung, Maßnahmen«, BArbBl. 5/2006, berichtigt BArbBl. 10/2006, ergänzt: GMBl Nr. 44/2007, S. 890
- **TRGS 402**
  »Ermitteln und Beurteilen der Gefährdungen bei Tätigkeiten mit Gefahrstoffen – inhalative Exposition«, Stand: Juni 2008
- **TRGS 500**
  Technische Regeln für Gefahrstoffe »Schutzmaßnahmen: Mindeststandards« Stand: Januar 2008 zuletzt geändert und ergänzt: GMBl Nr. 11/12, S. 224–258 v. 13. 03. 2008
- **TRGS 524**
  »Schutzmaßnahmen bei Tätigkeiten in kontaminierten Bereichen« Stand: Februar 2010 zuletzt geändert und ergänzt: GMBl 2011, S. 1018–1019, Nr. 49–51
- **TRGS 555**
  »Betriebsanweisung und Information der Beschäftigten« Stand: Februar 2008
- **TRGS 905**
  »Verzeichnis krebserzeugender, erbgutverändernder und fortpflanzungsgefährdender Stoffe«, BArbBl. 9/2005, zuletzt geändert und ergänzt: Mai 2008
- **TRGS 906**
  »Verzeichnis krebserzeugender Tätigkeiten oder Verfahren nach § 3 Abs. 2 Nr. 3 GefStoffV«. www.baua.de, Rubrik: Gefahrstoffe

Glossar

Arbeitsplatzgrenzwert (AGW)

AGWs sind Schichtmittelwerte bei in der Regel täglich achtstündiger Exposition an 5 Tagen pro Woche während der Lebensarbeitszeit. Das Einhalten der AGWs dient dem Schutz der Gesundheit von Beschäftigten vor einer Gefährdung durch das Einatmen von Stoffen. Die Einhaltung des Arbeitsplatzgrenzwertes entbindet nicht von den sonstigen Regelungen der GefStoffV (Definition nach TRGS 900 »Arbeitsplatzgrenzwerte«). Zu beachten ist allerdings, dass nicht alle Gefahrstoffe einen AGW im Sinne der GefStoffV haben.

Berufskrankheit

Eine Krankheit, die sich ein Arbeitnehmer durch seine berufliche Tätigkeit zugezogen hat. Ein Verdacht auf eine Berufskrankheit muss der Berufsgenossenschaft gemeldet werden. Auszug aus SGB (VII) § 9 (1): »Berufskrankheiten sind Krankheiten, die die Bundesregierung durch Rechtsverordnung mit Zustimmung des Bundesrates als Berufskrankheiten bezeichnet und die Versicherte infolge einer den Versicherungsschutz nach § 2, 3 oder 6 begründenden Tätigkeit erleiden. Die Bundesregierung wird ermächtigt, in der Rechtsverordnung solche Krankheiten als Berufskrankheiten zu bezeichnen, die nach den Erkenntnissen der medizinischen Wissenschaft durch besondere Einwirkungen verursacht sind, denen bestimmte Personengruppen durch ihre versicherte Tätigkeit in erheblich höherem Grade als die übrige Bevölkerung ausgesetzt sind; sie kann dabei bestimmen, dass die Krankheiten nur dann Berufskrankheiten sind, wenn sie durch Tätigkeiten in bestimmten Gefährdungsbereichen verursacht worden sind oder wenn sie zur Unterlassung aller Tätigkeiten geführt haben, die für die Entstehung, die Verschlimmerung oder das Wiederaufleben der Krankheit ursächlich waren oder sein können.«

Biologischer Grenzwert (BGW)

Der BGW ist der Grenzwert für die toxikologisch-arbeitsmedizinisch abgeleitete Konzentration eines Stoffes, seines Metaboliten oder eines Beanspruchungsindikators im entsprechenden biologischen Material. Er gibt an, bis zu welcher Konzentration die Gesundheit von Beschäftigten im Allgemeinen nicht beeinträchtigt wird. Biologische Grenzwerte sind als mittlere Werte für gesunde Einzelpersonen konzipiert. Bei mehreren Untersuchungen einer Person darf die mittlere Konzentration des Parameters den BGW nicht überschreiten; Messwerte oberhalb des BGW müssen arbeitsmedizinisch-toxikologisch bewertet werden. Aus einer alleinigen Überschreitung des BGW kann nicht notwendigerweise eine gesundheitliche Beeinträchtigung abgeleitet werden. (Definition aus TRGS 903 »Biologische Grenzwerte [BGW]«)

Grenzwerte

Grenzwerte gelten als quantitative Umweltstandards, die zur Erreichung von Umweltqualitätszielen dienen. Im Interesse eines solchen Ziels wird die Grenze mithilfe eines Grenzwerts festgelegt, der jener Mindestanforderung entspricht, die erfüllt sein muss, um dieses Ziel zu erreichen. Grenzwerte werden rechtsverbindlich festgelegt und müssen verbindlich eingehalten werden. Dabei spielt die Zumutbarkeit des Risikos eine entscheidende Rolle. Grenzwerte werden mit dem Ziel festgelegt, schädliche Auswirkungen auf die menschliche Gesundheit oder auf andere Schutzgüter (z. B. Vegetation oder Materialien) zu vermeiden. Diese Grenzwerte gelten nur in Verbindung mit den in diesem Zusammenhang zugrunde gelegten Messvorschriften.

Kurzzeitwerte und Überschreitungsfaktoren

Kurzzeitwerte ergänzen die Arbeitsplatzgrenzwerte, indem sie die Konzentrationsschwankungen um den Schichtmittelwert nach oben hin sowie in ihrer Dauer und Häufigkeit beschränken. Die maximale Höhe der kurzzeitigen Überschreitung des Arbeitsplatzgrenzwertes hat sich an den sehr unterschiedlichen Wirkungseigenschaften der einzelnen Stoffe zu orientieren. Eine pauschale Festlegung der Kurzzeitwertparameter ist daher nicht möglich. Die Kurzzeitwertkonzentration ergibt sich aus dem Produkt von AGW und Überschreitungsfaktor. Der Schichtmittelwert ist in jedem Fall einzuhalten. (Definition aus TRGS 900 »Arbeitsplatzgrenzwerte«)

Orientierungswert

Der Orientierungswert gibt an, ab welchem Messwert eine Substanz in der Innenraumluft aufgrund statistischer Auffälligkeit oder toxikologischer Erkenntnisse zu bewerten ist. Anhand von Orientierungswerten können Messergebnisse bezüglich einer statistischen Wahrscheinlichkeit eingestuft und damit in ihrer Relevanz für die Suche nach Ursachen gesundheitlicher Beschwerden gewichtet werden. Die Bewertung eines konkreten gesundheitlichen Risikos ist mit den Orientierungswerten nicht möglich. (Definition von der Arbeitsgemeinschaft ökologischer Forschungsinstitute [AGÖF])

Richtwerte

Es gibt zwei Richtwertkategorien: Richtwert II (RW II) ist ein wirkungsbezogener Wert, der sich auf die gegenwärtigen toxikologischen und epidemiologischen Kenntnisse zur Wirkungsschwelle eines Stoffes unter Einführung von Unsicherheitsfaktoren stützt. Er stellt die Konzentration eines Stoffes dar, bei deren Erreichen beziehungsweise Überschreiten unverzüglich zu handeln ist. Diese höhere Konzentration kann, besonders für empfindliche Personen bei Daueraufenthalt in den Räumen, eine gesundheitliche Gefährdung sein. Je nach Wirkungsweise des Stoffes kann der Richtwert II als Kurzzeitwert (RW II K) oder Langzeitwert (RW II L) definiert sein. Richtwert I (RW I – Vorsorgerichtwert) beschreibt die Konzentration eines Stoffes in der Innenraumluft, bei der bei einer Einzelstoffbetrachtung nach gegenwärtigem Erkenntnisstand auch dann keine gesundheitliche Beeinträchtigung zu erwarten ist, wenn ein Mensch diesem Stoff lebenslang ausgesetzt ist. Eine Überschreitung ist allerdings mit einer über das übliche Maß hinausgehenden, unerwünschten Belastung verbunden. Aus Gründen der Vorsorge sollte auch im Konzentrationsbereich zwischen Richtwert I und II gehandelt werden, sei es durch technische und bauliche Maßnahmen am Gebäude (handeln muss in diesem Fall der Gebäudebetreiber) oder durch verändertes Nutzerverhalten. RW I kann als Zielwert bei der Sanierung dienen. (Definition von dem Ausschuss für Innenraumrichtwerte des Umweltbundesamtes)

Abkürzungsverzeichnis

Abkürzung	Bezeichnung
AG	Arbeitgeber
AGS	Ausschuss für Gefahrstoffe
AGW	Arbeitsplatzgrenzwert
AN	Arbeitnehmer
ArbMedVV	Verordnung zur arbeitsmedizinischen Vorsorge
ArbSchG	Arbeitsschutzgesetz
ArbStättV	Arbeitsstättenverordnung
AU	Arbeitsunfall
BA	Betriebsanweisung
BaP	Benzo[a]pyren
BGR	Berufsgenossenschaftliche Regel
BGW	Biologischer Grenzwert
BK	Berufskrankheit
BS	Beschäftigter
CKW	Chlorkohlenwasserstoffe
CMR-Stoffe	kanzerogen, mutagen, reproduktionsgefährdend
DDT	Dichlordiphenyltrichlorethan
DGUV	Deutsche Gesetzliche Unfallversicherung
GefStoffV	Gefahrstoffverordnung
GG	Grundgesetz
HCB	Hexachlorbenzol
HCH	Hexachlorcyclohexan
HEPA	engl. High Efficiency Particulate Airfilter (hocheffizienter Luftpartikelfilter)
HSM	Holzschutzmittel
JArbSchG	Jugendarbeitsschutzgesetz
KMF	Künstliche Mineralfasern

Abkürzung	Bezeichnung
MCS	Multiple chemische Sensitivität
MuSchG	Mutterschutzgesetz
MVOC	engl. microbial volatile organic compunds
OPIDN	Organophosphate-induced delayed neuropathy
OW	Orientierungswert
PAK	Polyaromatische Kohlenwasserstoffe
PCP	Pentachlorphenol
p-RFA	portable Röntgenfluoreszenz
PSA	Persönliche Schutzausrüstung
RLT-Anlage	Raumlufttechnische Anlage
RW	Richtwert
SGB	Sozialgesetzbuch
SW-Anlage	Schwarz-Weiß-Anlage
TOP	technisch, organisatorisch, persönlich
TRGS	Technische Regel für Gefahrstoffe
TVOC	engl. Total Volatile Organic Compounds (Summe flüchtiger organischer Verbindungen)
UV	Ultraviolettes Licht
UVV	Unfallverhütungsvorschriften
VOC	engl. Volatile Organic Compounds (flüchtige organische Verbindungen)
VVOC	engl. Very Volatile Organic Compounds (sehr flüchtige organische Verbindungen)

Gefahrstofftabelle

Toxische Metalle (Schwermetalle)

Stoffname	CAS-Nr.	K	M	R_D	R_F	Beurteilungsgegenstand		Anerkanntes Untersuchungs-verfahren
						Umgebung	Biologisch	
Antimon*	7440-36-0	/	/	/	/	Staub	Urin / Vollblut	Ja
Arsen	7440-38-2	1A				Staub	Urin	Ja
Blei	7439-92-1			1A	1A	Staub	Vollblut	Ja
Cadmium	7440-43-9	1B	2	2	2	Staub	Urin	Ja
Chrom	7440-47-3	/	/	/	/	Staub	Urin / Voll-blut / Plasma	Ja
Cobalt	7440-48-4	1B				Staub	Urin / Vollblut	Ja
Kupfer**	7440-50-8	/	/	/	/	Staub	Urin / Serum	Ja
Nickel	7440-02-0	2				Staub	Urin	Ja
Quecksilber	7439-97-6			1B		Staub/Luft	Urin / Vollblut	Ja
Tributylzinn-verbindungen				1B	1B	Staub	Urin	Ja

K = karzinogen, krebserzeugend; M = keimzellmutagen; R = reproduktionstoxisch; R_D = entwicklungs-schädigend; R_F = Beeinträchtigung der Fortpflanzungsfähigkeit; / = keine Einstufung durch die IFA. Hellblau hinterlegt = CMR-Stoffe

* Empfehlung MAK: krebserzeugend Kat. 2; keimzellmutagen 3B
** Kein BAT-Wert

Die Inhalte der Gefahrstofftabelle wurden mit größtmöglicher Sorgfalt und nach bestem Wissen erstellt. Dennoch übernehmen die Autoren dieses Buches keine Gewähr für die Aktualität, Vollständigkeit und Richtigkeit der bereitgestellten Inhalte.

Organochlor-Biozide

Stoffname	CAS-Nr.	K	M	R_D	R_F	Beurteilungsgegenstand		Anerkanntes Untersuchungs-verfahren
						Umgebung	Biologisch	
Pentachlor-phenol [PCP]	87-86-5	1B	2	1B	---	Staub/ selten Luft	Plasma/ Serum/Urin	Ja
beta-HCH*	319-85-7	/	/	/	/	Staub/Luft	Urin/Vollblut	Ja
gamma-HCH [Lindan]	58-89-9	2	---			Staub/Luft	Plasma/ Serum/Urin	Ja
gamma-Pentachlor-cyclohexen (g-PCH)**	---	/	/	/	/	Staub/Luft		
Hexachlor-benzol [HCB]	118-74-1	1B				Staub	Plasma/ Serum	Ja
Quintozen (Pentachloro-nitrobenzol)	82-68-8	/	/	/	/	Staub		
Chlorthalonil	1897-45-6	2				Staub		
Heptachlor	76-44-8	2				Staub	Serum	Ja
Heptachlor-epoxid	1024-57-3	2				Staub		
Dichlofluanid	1085-98-9	/	/	/	/	Staub		
Tolylfluanid	731-27-1	/	/	/	/	Staub		
Endosulfan 1+2	115-29-7	/	/	/	/	Staub		
Aldrin	309-00-2	2				Staub	Serum	Ja
Dieldrin	60-57-1	2				Staub	Serum	Ja

K = karzinogen, krebserzeugend; M = keimzellmutagen; R = reproduktionstoxisch; R_D = entwicklungsschädigend; R_F = Beeinträchtigung der Fortpflanzungsfähigkeit; / = keine Einstufung durch die IFA; --- = aufgrund der bei der Bewertung vorliegenden Daten konnte eine Zuordnung zu den Kategorien nach Anhang I der CLP-Verordnung nicht vorgenommen werden.
Hellblau hinterlegt = CMR-Stoffe nach TRGS 905

* Empfehlung MAK: Krebserzeugend Kat. 4

** Da es eine ähnliche chemische Struktur wie g-HCH aufweist, kann eine gleiche Toxizität angenommen werden.

Organochlor-Biozide (Fortsetzung)

Stoffname	CAS-Nr.	K	M	R_D	R_F	Beurteilungsgegenstand Umgebung	Beurteilungsgegenstand Biologisch	Anerkanntes Untersuchungs-verfahren
Endrin	72-20-8	/	/	/	/	Staub	Serum	Ja
DDT + Metaboliten	50-29-3	2				Staub/Luft	Vollblut	Ja
Chlordan	57-74-9	2				Staub/Luft	Serum	Ja
Toxaphen	8001-35-2	2				Staub/Luft		
Methoxychlor	72-43-5	/	/	/	/	Staub		
Eulan WA neu [Wirkstoffe: PCSD/PCAD]	55069-01-7	/	/	/	/	Staub/Luft		
Propiconazol	60207-90-1	/	/	/	/	Staub		
Tebuconazol	107534-96-3			2		Staub		
Furmecyclox	60568-05-0	2				Staub		
1-+2-Chlor-naphtalin	90-13-1	/	/	/	/	Staub		
Dichlor-naphthaline	1825-31-6	/	/	/	/	Staub		
Naphthalin	91-20-3	2	---	---	---	Staub	Urin	Ja

K = karzinogen, krebserzeugend; M = keimzellmutagen; R = reproduktionstoxisch; R_D = entwicklungs-schädigend; R_F = Beeinträchtigung der Fortpflanzungsfähigkeit; / = keine Einstufung durch die IFA; --- = aufgrund der bei der Bewertung vorliegenden Daten konnte eine Zuordnung zu den Kategorien nach Anhang I der CLP-Verordnung nicht vorgenommen werden.
Hellblau hinterlegt = CMR-Stoffe nach TRGS 905

Organophosphor-Biozide

Stoffname	CAS-Nr.	K	M	R_D	R_F	Beurteilungsgegenstand		Anerkanntes Untersuchungsverfahren
						Umgebung	Biologisch	
Phoxim	14816-18-3				2		Erythrozyten/ Vollblut/ Plasma	Ja
Heptenophos	23560-59-0	/	/	/	/	Staub		
Propetamphos	31218-83-4	/	/	/	/	Staub		
Diazinon	333-41-5	/	/	/	/	Staub	Urin	Ja
Dichlorphos	62-73-7	/	/	/	/	Staub	Erythrozyten (Blut)	Ja
Chlorpyrifos-Methyl	5598-13-0	/	/	/	/	Staub	Urin/ Erythrozyten (Blut)	Ja
Fenchlorphos	299-84-3	/	/	/	/	Staub	Erythrozyten (Blut)	Ja
Fenitrothion	122-14-5	/	/	/	/	Staub	Erythrozyten (Blut)	Ja
Malathion	121-75-5	/	/	/	/	Staub	Erythrozyten (Blut)	Ja
Chlorpyrifos	2921-88-2	/	/	/	/	Staub	Erythrozyten (Blut)	Ja
Parathion-Ethyl	56-38-2	/	/	/	/	Staub	Urin/ Erythrozyten (Blut)	Ja
Bromophos-Methyl	2104-96-3	/	/	/	/	Staub	Erythrozyten (Blut)/Plasma	Ja
Phenothoat	2597-03-7	/	/	/	/	Staub		
Methidathion	950-37-8	/	/	/	/	Staub	Urin/ Erythrozyten (Blut)	Ja
Tetrachlor-vinphos	22248-79-9	/	/	/	/	Staub	Urin/ Erythrozyten (Blut)	Ja
Phosalon	2310-17-0	/	/	/	/	Staub		

K = karzinogen, krebserzeugend; M = keimzellmutagen; R = reproduktionstoxisch; R_D = entwicklungsschädigend; R_F = Beeinträchtigung der Fortpflanzungsfähigkeit; / = keine Einstufung durch die IFA. Hellblau hinterlegt = CMR-Stoffe nach TRGS 905

Pyrethroide

Stoffname	CAS-Nr.	K	M	R_D	R_F	Beurteilungsgegenstand: Umgebung	Beurteilungsgegenstand: Biologisch	Anerkanntes Untersuchungs-verfahren
Transfluthrin	118712-89-3	/	/	/	/	Staub/ Materialprobe		
Allethrin	584-79-2	/	/	/	/	Staub/ Materialprobe	Urin	Nicht festgelegt
Resmethrin	10453-86-8	/	/	/	/	Staub/ Materialprobe	Urin	Nicht festgelegt
Tetramethrin	7696-12-0	/	/	/	/	Staub/ Materialprobe	Urin	Nicht festgelegt
Phenothrin	51186-88-0	/	/	/	/	Staub/ Materialprobe	Urin	Nicht festgelegt
Cyphenothrin	39515-40-7	/	/	/	/	Staub/ Materialprobe	Urin	Ja
Cyhalothrin	91465-08-6	/	/	/	/	Staub/ Materialprobe		
alpha-Cyper-methrin	67375-30-8	/	/	/	/	Staub/ Materialprobe	Urin	Nicht festgelegt
Permethrin	52645-53-1	/	/	/	/	Staub/ Materialprobe	Urin	Ja
Cyfluthrin	68359-37-5	/	/	/	/	Staub/ Materialprobe	Urin	Ja
Cypermethrin	52315-07-8	/	/	/	/	Staub/ Materialprobe	Urin	Nicht festgelegt
Fenvalerat	51630-58-1	/	/	/	/	Staub/ Materialprobe	Urin	Ja
Deltamethrin	52918-63-5	/	/	/	/	Staub/ Materialprobe	Urin	Ja
Piperonyl-butoxid	51-03-6	/	/	/	/	Staub/ Materialprobe		
Pyrethrum	8003-34-7	/	/	/	/	Staub/ Materialprobe	Urin	Nicht festgelegt

K = karzinogen, krebserzeugend; M = keimzellmutagen; R = reproduktionstoxisch; R_D = entwicklungsschädigend; R_F = Beeinträchtigung der Fortpflanzungsfähigkeit; / = keine Einstufung durch die IFA.

Autorenverzeichnis

Dr. phil. Elise Spiegel
machte sich 2011 mit der Firma CARE FOR ART selbstständig und bietet seither interdisziplinäre und ganzheitliche Schadstoffberatung für museale Einrichtungen an. Die Diplomrestauratorin studierte Restaurierungs- und Konservierungswissenschaften an der FH Köln. In ihrer Promotion an der Otto-Friedrich-Universität Bamberg beschäftigte sie sich mit den Möglichkeiten der Schadstoffreduzierung und des Objektschutzes im Museum und verantwortete diverse Lehrveranstaltungen im Bereich Präventiver Konservierung mit dem Schwerpunkt Schadstoffe.

Katharina Deering, M. A.
ist Konservierungswissenschaftlerin und behandelte im Rahmen ihrer Master-Thesis das Thema der non-invasiven Analyse von Organochlor-Pestiziden. Seit Ende 2016 promoviert sie in der Humanbiologie am Institut und Poliklinik für Arbeits-, Sozial- und Umweltmedizin des Klinikums der Ludwig-Maximilians-Universität München und beschäftigt sich mit der Einschätzung der Gefährdung von Mitarbeitern beim Umgang mit biozidbelasteten Kulturgütern.

Dr. rer. nat. Christiane Quaisser
ist Diplom-Biologin. Nach dem Studium an der Humboldt-Universität zu Berlin und Promotion an der TU Dresden begann 1999 ihre Museumslaufbahn als Volontärin an den Staatlichen Naturhistorischen Sammlungen Dresden. Wissenschaftliche Projekte führten sie durch europäische Sammlungen, u. a. nach Leiden, Paris, Wien, London. 2007 wechselte sie ins Sammlungsmanagement, zunächst in Leiden, ab 2009 am Museum für Naturkunde in Berlin. Arbeitsschwerpunkt war von Anbeginn die Sammlungsentwicklung auf strategischem wie operationellem Niveau und mit wissenschaftlichem Anspruch. Seit 2013 ist Christiane Quaisser Leiterin des Forschungsbereichs Sammlungsentwicklung & Biodiversitätsentdeckung.

Susann Böhm
ist Ärztin in der Poliklinik für Arbeits-, Sozial- und Umweltmedizin, Klinikum der Universität München. Sie absolvierte ihr Medizinstudium bis 2008 an der Universität Köln. Nach einigen Jahren klinischer Tätigkeit im Rheinland und in München befindet sie sich seit 2015 in der Ausbildung zum Facharzt für Arbeitsmedizin.

Prof. Dr. med. Dennis Nowak
ist Arbeitsmediziner, Internist/Pneumologe, Allergologe und Umweltmediziner. Nach dem Studium der Medizin in Hamburg und Bern und der pneumologischen Facharztausbildung in Großhansdorf wechselte er 1993 an die Universität Hamburg und habilitierte sich 1995 über die Wirkung von Berufs- und Umweltschadstoffen auf den Atemtrakt. Seit 1998 leitet er am Klinikum der Universität München das Institut und die Poliklinik für Arbeits-, Sozial- und Umweltmedizin. Neben klinisch-ambulanter Tätigkeit in der Poliklinik ist er in zahlreichen Studien zur Wirkung von Arbeits- und Umweltschadstoffen auf die menschliche Gesundheit involviert. Er ist Mitglied der Senatskommission zur Prüfung gesundheitsschädlicher Arbeitsstoffe der Deutschen Forschungsgemeinschaft und berät Bundesbehörden seines Fachgebiets.

Dr. rer. nat. Stefan Rakete
ist Diplom-Lebensmittelchemiker mit dem Schwerpunkt instrumentelle Analytik. Auf das Studium der Lebensmittelchemie und die Promotion an der Martin-Luther-Universität in Halle/Saale folgten Postdoc-Aufenthalte an der University of Colorado in Denver und der Friedrich-Alexander-Universität in Erlangen. Seit Januar 2018 leitet Dr. Stefan Rakete die Arbeitsgruppe »Analytik und Monitoring« am Institut und Poliklinik für Arbeits-, Sozial- und Umweltmedizin des Klinikums der Ludwig-Maximilians-Universität München und beschäftigt sich mit der Analytik von Gefahrstoffen in Bio- und Umweltproben.

PD Dr. med. Stephan Böse-O'Reilly
ist Kinder- und Jugendarzt mit Zusatzbezeichnung Umweltmedizin und Master für Public Health. Er leitet die Arbeitsgruppe Globale Umweltmedizin. Seine Schwerpunkte sind Kind-Umwelt-Gesundheit, Quecksilberbelastungen im Goldbergbau, gesundheitliche Folgen des Klimawandels und Globale Gesundheit und Umweltverschmutzung.